ESSAI HISTORIQUE

SUR LA

REVOLUTION DE 1843

PAR

H. PAULÉUS SANNON

> " La liberté est facile à perdre :
> " on peut la conquérir par la force,
> " on ne la conserve que par la sa-
> " gesse. "
>
> Comte de FRANQUEVILLE.

CAYES
IMPRIMERIE BONNEFIL
21, Rue des Carmagnols, 21
1905

ESSAI HISTORIQUE

SUR LA

REVOLUTION DE 1843

PAR

H. PAULÉUS SANNON

> " La ilberté est facile à perdre :
> " on peut la conquérir par la force,
> " on ne la conserve que par la sa-
> " gesse. "
> Comte de FRANQUEVILLE.

CAYES
IMPRIMERIE BONNEFIL
21, Rue des Carmagnols, 21
1905

A

FERNAND HIBBERT

Témoignage d'affection

H. P. S.

DU MEME AUTEUR :

Haïti et le Régime parlementaire. Albert Fontemoing, éditeur, Rue Le Goff, 4, Paris 1898.

Un journaliste sous Boyer, Etude historique, publié dans la " Ronde ", N° Extraordinaire, Octobre 1899.

Boisrond-Tonnerre et son temps, Etude historique, Auguste A. Héraux, éditeur, Port-au-Prince, 1904.

PREFACE

Partout où il y a un malade, on peut être sûr de trouver au moins un médecin. Ce qui peut manquer, ce qui manque souvent, c'est cette chose précieuse dont le malade a spécialement besoin, et que le médecin est censé lui apporter : la guérison. Ainsi, depuis nombre d'années, on n'a pas cessé de rechercher les causes du malaise national ; les médecins n'ont point manqué : charlatans, empiriques, savants titrés, tout y a passé, et cependant rien jusqu'ici ne paraît annoncer une guérison prochaine.

La raison en est que le mal dont souffre la nation est ancien, profond et complexe, et que les plus infatués des guérisseurs qui se pressent autour d'elle. en sont encore à ignorer son histoire. Pour eux, le passé demeure enveloppé d'une brume épaisse, et le présent apparaît comme un tout distinct, séparé du reste de l'histoire nationale, avec lequel il n'a aucune suite, aucun enchaînement. De là, les fausses applications, la répétition des mêmes erreurs, des mêmes routines ; la perpétuation des mêmes malentendus, des mêmes préjugés, amenant à leur suite le retour inévitable des mêmes malheurs. Et il semble alors que nous avons été condamnés par quelque Destin ironique et impitoyable à tourner dans un cercle infrangible de sombres fatalités, toujours semblabes à elles-mêmes.

Qu'on ne s'y trompe pas pourtant, il n'y a de fatal dans l'ordre historique que l'enchaînement des effets aux causes ; " le jeu de l'histoire, dit " Ernest Lavisse, crée des nécessités inéluctables, " la fatalité des suites : telle chose sera, parce que " telles autres ont été. Toutefois, " il existe une " libre puissance d'action qu'ont exercée des indi-

“ vidus et des peuples, la nature ayant laissé le “ champ libre à l’incertitude de possibilités diver- “ ses. ” Il dépend donc, dans une large mesure, d’un peuple éclairé et énergique de décider son avenir. Il lui suffit, pour cela, de connaître son passé, de rechercher le principe de ses erreurs, les causes de ses égarements, de ses chutes, et d’éviter les écueils contre lesquels se sont brisées les tentatives des générations antérieures.

Or, vers quel but l’effort des générations a-t-il été dirigé depuis la conquête de l’Indépendance ? Quel a été cet idéal si acharnément poursuivi, et resté jusqu’ici inaccessible ? C’est assurément la liberté politique. Et, après un siècle d’histoire, n’y-a-t-il pas lieu de montrer les causes multiples qui nous ont empêchés de la conquérir ? Il m’a paru que la Révolution de 1843 a été l’essai le plus considérable, le plus cohérent et le plus généreux à la fois qui ait été fait parmi nous pour fonder cette liberté, et qu’il y avait dès lors un intérêt de premier ordre à étudier ce mouvement dans ses origines et ses tendances, et à signaler les causes de son échec.

Le travail que j’offre au public ne sera pas peut-être tout à fait inutile. Si j’ai tenté d’y faire revivre la plus belle, la plus intéressante période de l’histoire de notre développement intérieur, j’ai voulu surtout que l’enseignement qui en découle ne fût point perdu pour nous ; qu’il fût au contraire comme un phare lumineux au milieu de la tempête, rendant sans cesse visibles à nos yeux les redoutables écueils que n’ont pu connaître nos illustres et malheureux précurseurs.

En le parcourant, les Haïtiens pourront se faire une juste idée du recul qu’a fait le pays sous le rapport des libertés publiques ; ils verront non sans tristesse que nous tournons depuis 1843 dans un cercle vicieux de révolutions menteuses et funestes, et de gouvernements despotiques et impuissants. Car, depuis cette mémorable époque, en effet, le pays, par diverses tentatives, essaya de se ressaisir, et chaque fois, il est retombé plus avant dans une servitude toujours plus dégradante.

Ces échecs répétés ont leurs causes aussi bien dans les choses que dans les hommes : si les choses, en vertu de la vitesse acquise, ont continué à se dérouler avec ce même aspect d'inflexible fatalité, sans aucune possibilité d'être modifiées par les hommes, c'est par la raison que ces derniers n'ont su gagner ni en expérience ni en habileté pratique.

Nous sommes demeurés aussi éloignés que par le passé le plus reculé de la véritable pratique de la liberté ; et dans la lutte incessante pour le pouvoir, lutte légitime, lutte nécessaire qui a sa source dans la nature même de nos Institutions, les vaincus n'ont point cessé d'être opprimés, en attendant de se faire oppresseurs à leur tour, selon les hasards des révolutions. De là, le caractère farouche, armé de notre politique ; cette tendance marquée des gouvernements à se mettre comme en dehors et au-dessus du pays et à le traiter en ennemi. Et par quel miracle vraiment la paix et la liberté pourraient-elles exister au sein de la Cité haïtienne ? On ne transgresse pas impunément les lois de l'histoire ; c'est dans les autres qu'il faut aimer et respecter la liberté, et il n'y aura jamais de liberté là où chacun ne pourra dire, comme Burke, et avec le même légitime orgueil : " J'ai toujours défendu la liberté des autres. "

Je ne connais pas de drame plus poignant que l'histoire de nos destinées depuis cent ans : on voit un peuple à peine sorti de l'esclavage, luttant contre lui-même, contre ses antécédents historiques, pour s'élever au gouvernement libre ; montrant, par moments, une haine vigoureuse de l'absolutisme, et bientôt courbé sous le joug, faible, tremblant devant le plus grostesque des despotes ; esclave tour à tour révolté et soumis, qui, n'ayant pas encore pris possession de lui-même, ne peut pas arriver, malgré ses efforts, à se passer tout à fait de maître. On le voit, pendant ces cent années, passer sans transition, dans les courts intervalles des révolutions victorieuses, du silence complet, de la soumission prosternée, au dévergondage intellectuel, aux fureurs ridicules d'une sorte de donquichottisme politique ; aussi incapable de modération dans la liberté que de mesure dans la servitude ; peuple enfant, toujours prêt à abdiquer ses droits, à se jouer de ses intérêts les plus chers, et à se plaindre en même temps des misères de sa condition, et qui, au milieu de ses plaintes, s'acharne contre les plus capables, les mieux doués de ses fils ; les condamnant à la mort ignominieuse, à la honte, à l'exil, et de toute façon, à la misère et à l'inutilité.

Sans doute, notre probléme intérieur n'est pas insoluble, et les luttes qu'il occasionne sont chose naturelle dans l'évolution historique.

Mais il n'est pas moins vrai qu'avec leur caractère violent et barbare, ces luttes incessantes constituent une sérieuse menace pour l'avenir du pays. L'Histoire enseigne, en effet, que le prolongement indéfini des luttes intérieures ne va pas sans danger pour un pays qui ne dispose pas de forces suffisantes pour maintenir son indépendance nationale contre des voisins puissants et entreprenants.

Pour nous, le péril immédiat est dans le fait de notre faiblesse, de notre impuissance à nous défendre contre les brutalités plus ou moins habilement déguisées du droit de conquête. C'est de là que peut sortir l'échec final de notre nationalité.

Ainsi donc, grâce au temps perdu et aux fautes accumulées, le problème de notre destinée se pose désormais comme suit : aurons-nous le temps de trouver la voie définitive, notre assiette intérieure avant que le péril extérieur, une main-mise brutale, suscitée peut-être par nos désordres de tout genre, ne vienne arrêter le libre développement de nos efforts comme collectivité autonome ? L'avenir le dira. En tout cas, il ne nous reste pas moins une chance sérieuse de nous relever, si nous avons la résolution et le courage nécessaires.

L'Etat général du pays, son abaissement et ses malheurs sont le résultat de la politique consciente ou inconsciente que nous avons faite depuis un demi-siècle ; il n'y aurait véritablement lieu de désespérer d'un relèvement possible, que s'il était démontré que nous fussions incapables de faire prévaloir une politique plus propre à lui assurer un libre et pacifique développement. On peut encore nous adresser ces nobles et énergiques admonestations de Démosthène, à ses concitoyens désemparés : " Athéniens, leur disait-il, si vous aviez toujours fait ce qu'il y avait de mieux à faire, et " si pourtant vous aviez été vaincus, je désespererais " de la chose publique ; mais comme au contraire, " vous n'avez rien fait de ce qu'il fallait, j'ai bon " espoir, persuadé que si vous faites tout l'opposé " de ce que vous avez fait jusqu'ici, les évènements " tourneront aussi d'une manière toute différente ; " que vous réussirez là où vous avez échoué ; que " vous vaincrez là où vous avez été vaincus.

" Ne vous prenez donc de votre défaite ni aux " Dieux ni à vos institutions : prenez-vous-en à " vous-mêmes, réparez vos fautes, et vous réparerez du même coup votre malheur."

Hâtons-nous cependant, car le temps presse, et les difficultés augmentent d'heure en heure.

H. PAULÉUS SANNON.

Cayes, Février 1904.

BIBLIOGRAPHIE

DOCUMENTS CONSULTES.

Journaux haïtiens, Collection importante de la Bibliothèque nationale de Paris, de 1817 à 1859, et plus spécialement ceux des années 1825 à 1844 :

La Feuille du Commerce
Le Républicain
Le Manifeste
Le Temps
Le Patriote.

Correspondances et papiers inédits relatifs aux années 1843 et 1844.

AUTEURS CONSULTES.

HERARD-DUMESLE, *Voyage dans le Nord d'Haïti.* 1 vol. Cayes 1824.

— *Plaidoyer contre Céligni Ardouin, l'Administrateur*, prononcé par devant le Tribunal correctionnel des Cayes, Juillet 1841, brochure.

— *Fragments historiques* inédits.

F. E. DUBOIS. *Précis historique de la révolution haïtienne de 1843*, 1 vol., Paris 1866 .

LINSTANT PRADINE, *Lois et Actes du gouvernement d'Haiti.*

EM. EDOUARD, *Supplément au tome VI des Lois et Actes, etc.* * 1 vol. Paris 1887.

* En vue de faciliter le contrôle du lecteur, je renvoie de préférence au Supplément au tome VI du Recueil général des Lois et Actes etc, qui peut se trouver à la portée de toutes les mains, mais je dois dire toutefois que j'ai pris connaissance de la plupart des documents publiés par Emmanuel EDOUARD à leurs sources mêmes.

B. ARDOUIN, *Etudes sur l'Histoire d'Haiti.*

— *Réponse du Sénateur B. Ardouin à un écrit anonyme intitulé " Apologie des destitutions pour opinions politiques , dogme de l'obéissance passive prêché aux fonctionnaires publics par un sénateur et refuté par un citoyen privé.* Plaquette. Bibliothèque nationale de Paris.

GRANVILLE, *Biographie de Jonathas Granville,* 1 vol. Paris 1873.

SALOMON JEUNE, *Une Défense* , forte brochure, Bruxelles 1861.

J. B. INGINAC, *Joseph Balthazar Inginac , général de division, ex-secrétaire général près de l'ex-Président d'Haïti. A ses compatriotes , et principalement à ceux qui ont dirigé les affaires populaires de la République depuis la fin de Janvier dernier.* En rade de Port-au-Prince, le 15 mars 1843. Plaquette. Bibliothèque nationale de Paris.

LEPELLETIER DE SAINT REMY , *Saint Domingue, Etude et solution nouvelle de la question haïtienne.* 2 vol. Paris 1846.

GUSTAVE D'ALAUX , *L'Empereur Soulouque et son Empire,* 1 vol. Paris 1856.

LS. J. JANVIER, *Les Constitutions d'Haiti,* 1 vol. Paris. 1886.

LA RÉVOLUTION DE 1843

CHAPITRE I

CHAPITRE Ier

CAUSES ET ORIGINES.
POURQUOI LA RÉVOLUTION SORT DU SUD
ANTÉCÉDENTS HISTORIQUES

Le Sud, foyer d'idées et de fortes passions politiques, a été presque toujours, dans le passé, le point de départ de la plupart des mouvements révolutionnaires qui ont agité le pays. C'est là, sans doute, un privilège rien moins qu'enviable, si l'on se place à un point de vue étroit, mais pour peu qu'on considère que les révolutions parties de cette province, ont été dans le principe des revendications politiques, entreprises en vue du triomphe de certaines idées, la question change aussitôt d'aspect. Ce qui tout d'abord pouvait passer pour une sorte de turbulence chronique, apparaît comme le résultat d'un développement social plus accusé.

Ainsi, au début de notre histoire, le mouvement effectué contre Dessalines, au profit de Christophe, y naissait ; mouvement déshonoré, il est vrai, par le meurtre du libérateur, mais opéré pour changer la forme du gouvernement.

Cette partie du pays semblait avoir pris une avance intellectuelle considérable sur le reste de la société haïtienne; de là, cette impatience à supporter le joug absolutiste de nos premiers chefs d'Etat. Mais d'où lui venait cette avance ? Etait-ce que l'influence française ayant été moins troublée là qu'ailleurs, les populations en auraient été peut-être plus pénétrées ? Cette raison, même admise, ne serait pas décisive, puisque le Sud a été la province la plus tardivement exploitée du pays. Il faut chercher ailleurs.

Nos deux historiens, Ardouin et Madiou, si peu d'accord d'ordinaire sur toutes choses, expliquent par des considérations toutefois analogues le cours des événements qui amenèrent la guerre civile de 1807, et la scission du Nord qui en a été la suite. D'après eux, à cette époque, le Sud et l'Ouest voulaient des institutions libres et démocratiques, tandis que les populations du Septentrion penchaient vers une organisation forte et centralisée, plus ou moins monarchique. L'histoire confirme cette thèse, bien qu'elle ait été combattue par un de nos éminents publicistes *.

Dès le début de ces événements, une opposition visible se manifeste en effet dans les sentiments et les tendances non-seulement des chefs, mais encore des populations de ces deux régions du pays ; opposition qui, nourrie, fortifiée, grandie par les ambitions rivales de Pétion et de Christophe, ne devait guère tarder à se transformer en guerre civile. Il s'agit, maintenant que le fait est établi, de rechercher d'où pouvait provenir cette préférence marquée du Sud pour les institutions libres.

Le régime absolu et tout militaire de Toussaint Louverture et de Dessalines avait pesé sans doute particulièrement sur les provinces du Nord où se trouvait le siège de leurs gouvernements, mais l'autorité de ces deux chefs ne s'étendait pas moins sur le pays tout entier. Là n'est pas encore la raison. Il serait vraiment étrange que

* L. J. JANVIER in Les Constitutions d'Haïti.

l'histoire ne contînt l'explication d'un fait aussi frappant et qui eut de si sérieuses conséquences sur le développement ultérieur de la nation.

Pour ma part, je la chercherai volontiers dans la configuration géographique du Sud: une vaste étendue de côtes, entre-coupée d'anfractuosités qui sont autant de ports ou de villes, une presqu'île, en ce sens qu'elle se rétrécit vers le Pont-de-Miragoâne où elle s'ouvre dans l'Ouest.

Aucun Département n'a autant de villes, par conséquent, de tribunaux, de douanes, d'écoles etc. Et si l'on songe que l'esprit des populations établies sur les côtes, est plus ouvert, mieux tourné aux progrès de tous genres que l'esprit de celles qui habitent l'intérieur, l'on en pressentira déjà les conséquences. C'est un fait remarquable qu'il n'existe presque pas de bourg important de ce département qui ne s'élève sur la mer.

Ce grand nombre de villes sur un territoire relativement étroit, mais très peuplé, n'explique-t-il pas ce développement précoce dont j'ai parlé au commencement? Il est un fait non douteux, c'est que les populations assises sur les côtes maritimes, ont des besoins plus variés, une tension intellectuelle plus forte, par suite même de la complexité de leur vie sociale qui nécessite une organisation au moins rudimentaire du travail, du commerce, de la justice et du reste.

Si l'on veut d'ailleurs examiner attentivement certaines phases de notre histoire, on remarquera que, nulle part que dans le Sud, La classe des Affranchis dont les agitations ont été le point de départ des événements de St. Domingue, ne se trouva plus nombreuse en types remarquables, et peut-être aussi, plus riche.* C'est là, à mon sens, qu'il faut chercher l'explication en question et la cause de toutes les

* Voir Ardouin tome Ier. page 97.

revendications politiques issues de ce département. Du reste, cette tendance du Sud pour les agitations, qui, ne pouvant maintenant se faire jour, s'est transformée en une sorte de petite guerre civile permanente dans son sein, n'avait pas échappé à la sagacité des esprits d'autrefois: Dumai Lespinasse, appréciant les événements de 1844 se succédant sans intervalle à ceux de 1843, écrivait naguère: " Dans cette partie du pays " plus que dans aucune autre, les commotions " politiques sont plus fortes et plus orageuses: " cette immense langue de terre, lancée bien avant " sur les mers comme un grand navire, pressée et " battue de tous côtés par leurs flots irrités, sem- " ble plus sujette aux agitations et plus expo- " sée aux orages et aux tempêtes. " *

Remarque juste dont l'histoire du pays depuis 1806 est comme l'illustration. On a vu qu'après la fondation de la République, les hommes du Sud qui dominaient dans le Sénat de 1806, les Gérin, les Blanchet, les Trichet, et quelques-uns de l'Ouest, tels que Lys et Daumec, impatients du pouvoir auquel ils se croyaient la plupart autant de droits que Pétion, organisèrent une opposition irréductible contre ce dernier qui, acculé, en arriva aux coups d'Etat.

Ce furent ces Sénateurs, bien plus que Rigaud, lequel ne fit qu'arriver à temps pour en profiter, qui provoquèrent, par rancune contre Alex. Pétion, la Scission de 1810. Mais, politique avisé, celui-ci, à force d'habileté et de modération, réussit à regagner la confiance du Sud et déposa la dictature. Il fit mieux ; conseillé par Inginac, il

*.— Le " Manifeste " du 14 Juillet 1844

Dans l'Introduction placée en tête de ses Etudes sur l'Histoire d'Haïti, Ardouin, analysant les sentiments dominants dans les trois grandes régions du pays, s'exprime ainsi sur le Sud: " Dans le Sud, c'étaient les " principes démocratiques; mais avec un esprit d'agitation, ou, si l'on " veut, d'opposition, dont la vivacité irréfléchie devait toujours disposer " les populations à des mouvements désordonnés, révolutionnaires." Tome Ier page 104 chercha à donner une issue permanente à cet esprit d'opposition et de révolte, en créant une Chambre des Communes dans notre Droit public en 1816.

Or, qu'advint-il peu de temps après? On vit au sein de cette Chambre, s'élever une nouvelle opposition qui demande la révision de la constitution de 1816 dans un sens plus démocratique.

Pour le plus grand malheur du pays, il était alors gouverné, non par un homme d'Etat délié, souple, avisé, sachant se transformer avec les circonstances, et accessible aux conseils, mais par un esprit borné, obstiné, vaniteux et autoritaire, infatué de lui-même, et dont l'énergie et l'opiniâtreté s'appliquèrent à repousser toute idée de réforme, quelle qu'elle fût. C'est de là qu'allait sortir le grand conflit. Boyer, loin d'évoluer avec son temps, s'entêta dans la routine, fit de l'immobilité un principe de gouvernement. Et pour se maintenir en face de l'opposition grandissante, il recourut finalement à des actes tels qu'un contemporain a pu caractériser son gouvernement par ces mots si cruellement vengeurs: " gouvernement à coups d'Etat ostensibles et à coups de poignard secrets." *

Mais ces coups de force répétés, comme on le verra plus loin, ne purent détruire l'Opposition qui, ayant le pays pour complice, s'affermissait à vue d'œil, tandis que le Président perdait du terrain.

La lutte fut longue néanmoins entre Boyer et les opposants, entre l'absolutisme et l'esprit de liberté. Il se fit bientôt deux parts dans la nation, bien tranchées : à l'Opposition se rallièrent ceux qui voulaient des garanties et des améliorations, et autour du maître, les conservateurs timides, à l'esprit mesquin, instruments dociles des pouvoirs dominateurs ; les favoris, les satisfaits. tous ceux

* — St REMY (des Cayes)

en un mot qui désiraient la perpétuation des abus, la survivance des privilèges, le règne du bon plaisir, parce que là se trouvait la source inépuisable de leurs jouissances, l'origine de leur grandeur. Jamais ceux-ci ne parurent comprendre ni ne voulurent examiner ce qu'il pourrait y avoir de fondé dans les améliorations mises en avant par l'Opposition. Loin de là ; animés du même esprit de routine que Boyer, ils se serrèrent autour de lui, le fortifièrent dans sa résistance aveugle, dans toutes ses tentatives absolutistes.

En tête de ces conservateurs marchaient Bazelais, Louis Seguy Villevaleix, Beaubrun et Céligni Ardouin, le Sécrétaire-général Balthazar Inginac etc.

Ils résumèrent leurs doctrines politiques dans un journal gouvernemental dont la devise était " les améliorations sont l'œuvre du temps." Le temps, en effet, se chargeant de tout améliorer et de tout amener, Boyer et son gouvernement purent dormir vingt-cinq années d'un sommeil profond qui n'avait été interrompu, à de rares intervalles, que par cette malencontreuse opposition " d'une poignée de factieux " *

De tels conflits entraînent toujours des crises redoutables pour l'Etat.

C'est donc par une vue superficielle, incomplète des choses qu'on a indiqué jusqu'ici, comme cause génératrice de la Révolution de 1843, une simple opposition parlementaire.

Il fallait chercher d'où venait l'Opposition elle-même, déterminer son caractère et ses tendances, montrer enfin qu'elle marquait un progrès considérable, accompli dans la marche des idées politiques depuis Alexandre Pétion.

La vérité historique, telle qu'elle se dégage des faits est, en effet, bien plus complexe.

* Proclamation de BOYER du 10 Octobre 1839

L'Opposition, comme la Révolution qui en résulta plus tard, venait et ne pouvait venir que du Sud; le reste du pays fut gagné lentement à ces idées par la longue agitation qui se fit autour d'elles, dans la presse et à la tribune ; et les Hérard-Dumesle, les David St. Preux, les Lartigue, les Lochard, les Couret, les Baugé étaient devenus ainsi les porte-parole du mécontentement général qui n'avait cessé de travailler la Nation.

Il est clair en outre, que sous d'autres conditions de gouvernement, avec une administration plus avisée, plus progressiste, accomplissant sans acrimonie les réformes opportunes, l'opposition parlementaire, quelle qu'ait été l'éloquence de ses chefs, n'eut pas trouvé tant d'appui et d'encouragement au dehors, et eut été partant impuissante à renverser le gouvernement de Boyer.

On peut dire que ce chef d'Etat creusa lui-même l'abîme où il devait s'engloutir.

Il ne fut pas sans mérite, comme on serait tenté de le croire, en présence d'un aveuglement qui offre si peu d'exemples dans l'histoire. Il ne fut pas moins instruit que son prédécesseur immédiat. Mais contrairement à Alexandre Pétion, il n'eut aucune des qualités maîtresses de l'homme d'Etat. Il posséda juste ce qu'il fallait pour assurer le fonctionnement régulier de l'administration dans les détails de la vie journalière, et fut par contre dépourvu d'idées générales, incapable de concevoir aucun plan d'ensemble qui dépassât les préoccupations du moment pour embrasser l'avenir. Rien qu'à son visage ovale, on pressent l'étroitesse d'un esprit fermé à la pensée et aux sentiments d'autrui, l'obstination d'un être borné, en possession d'un pouvoir souverain. Sa méfiance, qu'il se plut à afficher en toutes circonstances, était telle qu'il disait souvent de lui-même : " Si mon corps pouvait être partagé en deux parties, l'une n'aurait pas

" pu inspirer confiance dans l'autre. " *

Pétion qui devait le bien connaître, pour l'avoir longtemps pratiqué, le jugeait peu avantageusement. " il est malheureusement trop pétulant, " disait-il de lui, trop prévenu en sa faveur pour " savoir se concilier ceux dont il aurait besoin pour " l'assister ; car en tout, il veut dominer ; c'est son " esprit, c'est son caractère, il ne s'en départira " jamais ; et s'il était appelé à me remplacer, il " pourrait faire le malheur du pays en ne changeant " pas. " *

Tel avait été l'homme que les événements allaient mettre aux prises avec les aspirations, les idées d'une génération qui, née sous les administrations de Dessalines et de Pétion, avait grandi à l'ombre de son gouvernement de vingt-cinq années pour le renverser à la fin.

Un choc était inévitable. Toutes les issues du pouvoir étaient gardées par des hommes du passé, des vieux, ceux qu'on a appelés plus tard les " gérontes " ; les nouveaux venus qui voulaient pénétrer dans la cité politique pour lui donner une organisation conforme à leur idéal, devinrent inévitablement des opposants, les adversaires du pouvoir établi.

" Une opposition se forma, dit Lepelletier de Saint " Rémy, l'opposition des jeunes contre les vieux, " des positions à faire contre les positions acquises. " Il se créa des journaux, on échangea des pam- " phlets, la tribune s'anima ; enfin tout prit ce " caractère de vivacité et de lutte qui peut bien " être l'état normal des gouvernements libres, mais " que tous au moins ne traversent pas sans péril " et sans crise.

" Ce mouvement des esprits était allé grandissant, " et, de 1835 à 1839, il avait envahi la Chambre

* B. Inginac — A ses compatriotes etc, 15 Mars 1843.

2 Mémoires du général Inginac, cités par F. E. Dubois, dans son Précis historique de la Révolution de 1843, page 69

“ des représentants au point que le Président tenta “ successivement deux coups d'Etat pour éliminer “ ceux des membres en qui se personnifiaient plus “ particulièrement les idées nouvelles.” *

Dans tout le cours de la lutte qui fut longue et acharnée, Boyer ne voulut voir “ qu'une poignée d'hommes pervers ”, dans les opposants expulsés par lui de la Chambre et constamment réélus par le corps électoral. Il ne comprit jamais que, ce qui faisait la force de ces “ factieux ”, c'était qu'ils exprimaient précisément les sentiments dominants du pays qui voulait autre chose qu'une politique de routine et d'immobilité, qui avait définitivement condamné son “ système stationnaire ” pour employer l'expression même du temps. Par une suite ininterrompue de coups de force contre les représentants les plus éclairés, les plus écoutés de la Nation, Il essayera vainement de se débarrasser de l'Opposition qui ne cesse de prendre des proportions inquiétantes pour son gouvernement à partir de 1832.

Cependant, contrairement au despotisme ouvert, ostensible d'un Christophe par exemple, le système boyériste avait quelque chose d'occulte, de froidement violent et d'hypocritement raffiné. L'intrigue, comme on le verra par la suite, en était le principal ressort. Les coups se préparaient longuement dans l'ombre et le silence. Et quand ils éclataient, comme dans la sanglante affaire “ Darfour ”, les proclamations présidentielles les mettaient sur le compte du peuple.

La preuve que Boyer sut tout le temps le mal qu'il faisait à son pays en détruisant systématiquement la Constitution, c'est qu'il chercha constamment à cacher sa main. Il avait réussi à créer une division permanente entre les deux branches du Corps législatif, ce qui lui permit d'asservir le Sénat et de s'en servir pour dominer les Communes.

1 Revue des deux Mondes, No du 15 Novembre 1845

Il ne parvint pas toutefois à les mater complètement, parce que, ne comptant pas avec des idées, des doctrines qu'il se figura être l'apanage exclusif de ceux qu'il appelait "une poignée de factieux", il ne s'aperçut pas qu'elles avaient fini par envahir toutes les têtes, par entraîner l'Esprit public dans une situation voisine de l'insurrection.

Sa sécurité parut entière au milieu des nuages qui s'amoncelaient de toutes parts, jusqu'au moment où il fut foudroyé par un orage en apparence inattendu.

CHAPITRE II

CHAPITRE II

AVÈNEMENT DE BOYER.
FORMATION DE L'OPPOSITION PARLEMENTAIRE.
COUPS D'ETAT SUCCESSIFS DE BOYER CONTRE ELLE.
L'OPPOSITION TROUVE UN POINT D'APPUI DANS L'OPINION.
CHASSÉE DE LA CHAMBRE, ELLE Y REVIENT CHAQUE FOIS EN FORCE.

La Révision de la Constitution de 1806, provoquée par Alexandre Pétion et accomplie quatre ans environ après la Scission du Sud, correspondait, dans la pensée de cet homme d'Etat, à deux desseins bien marqués : paralyser les tendances particularistes de ce département en créant une assemblée politique centrale, et faire de cette dernière une issue, une sorte d'exutoire légal et permanent à l'esprit de liberté et de progrès qui fermentait dans le pays.

Mais Pétion n'eut pas le temps d'assister à la mise en œuvre de sa grande réforme. Il mourut en effet deux ans après, et sans avoir, chose surprenante, usé de la faculté qu'il s'était pourtant réservée dans la Constitution de désigner son successeur. Prévoyait-il l'effet désastreux de Boyer au Pouvoir ? Il semble qu'il n'a point voulu le recommander, si l'on s'en rapporte surtout au propos révélé par Inginac dans ses Mémoires, et que j'ai déjà cité au précédent chapître.

En tout cas, on ne s'explique pas qu'il ne l'ait pas désigné, s'il en a autrement pensé que le dit l'auteur des Mémoires.

Il était visible toutefois , vers les derniers temps de la vie de Pétion, que ses rapports avec son ancien protégé étaient considérablement altérés. Boyer, ayant pris de l'importance par le poste et la place qu'il occupait depuis longtemps auprès du Président , en était arrivé à critiquer ses actes avec une acrimonie à laquelle on ne se fut pas attendu chez un homme qui devait presque tout à celui qui l'avait constamment honoré et soutenu de son amitié.

Peut-être aussi — car , en histoire , les plus minimes choses peuvent avoir des conséquences — le cœur de la fameuse Mademoiselle Joute Lachenais y fut-il pour quelque chose dans ce refroidissement comme l'insinue la tradition.

Telles furent les circonstances dans lesquelles Jean Pierre Boyer occupa le pouvoir.

Par un contraste frappant avec le système un peu mou, le laisser-aller que les contemporains reprochaient à Pétion , et grâce auquel , de grands désordres s'étaient introduits dans l'administration, les premiers actes de Boyer témoignèrent d'une vigueur et d'une énergie remarquées. A la suite d'une campagne en règle , il réussit à purger complètement la Grand'Anse de l'insurrection de Goman , entretenue sous main depuis des années par Christophe , afin d'affaiblir la République.

Un incident très grave survint en Août 1822, à l'occasion d'une Pétition adressée à la Chambre des Communes par le journaliste Darfour. L'affaire se dénoua par l'éxécution de ce journaliste , l'expulsion de quatre Députés de la Chambre, l'arrestation et l'incarcération brutales de deux juges , l'un du tribunal civil de Port-au-Prince et l'autre du tribunal de Cassation (1)

Cependant, une véritable opposition ne s'annonce pas encore. Hérard-Dumesle , qui en deviendra le

1 Pour les détails, voir notre Etude intitulée " Un journaliste sous BOYER ", dans le No. extraordinaire de la Ronde, Octobre 1899

chef dans la suite, n'est pas à cette époque, et même deux ans plus tard, un adversaire du pouvoir. La preuve se trouve dans son ouvrage intitulé " Voyage dans le Nord d'Haïti " paru en 1824, et dédié à ses collègues de la Chambre. Il y est question en effet des " témoignages de bienveil-" lance les plus flatteurs dont il est l'objet de la " part de l'illustre citoyen qui veille aux destinées " de la République. " Au reste, une opposition parlementaire sérieuse n'eut aucune chance de se former à un moment où le gouvernement de Boyer était heureux dans toutes ses entreprises, et à ce point favorisé par la fortune, que le plus brillant avenir lui semblait réservé.

Le coup de pistolet de Christophe venait de produire un résultat qui eut paru impossible même la veille : la réunion des vastes provinces de son royaume au gouvernement de l'Ouest-Sud. La République se trouvait du jour au lendemain débarrassée, presque sans frais, de son plus redoutable adversaire, de celui dont l'audace et l'orgueilleuse ténacité la mirent plus d'une fois à deux doigts de sa perte. Deux années s'écoulèrent à peine, qu'un autre événement, d'une portée immense s'accomplissait brusquement : l'ancienne Audience espagnole se réunissait à nous, à son tour, consommant ainsi l'unité territoriale de l'Ile un instant réalisée par Toussaint-Louverture, puis détruite par l'Expédition française de 1802.

Boyer triomphait partout. Le prestige de son gouvernement dut être considérable.

Ces foudroyants coups de fortune furent désormais acquis comme le résultat de combinaisons politiques savamment élaborées, mûrement préparées et habilement éxécutées. A la vérité, le Président avait fait preuve de vigilance et de décision dans la conduite de ces deux grandes affaires, et il faut ajouter, pour être tout à fait juste, qu'il a plus fait, comme on l'a répété depuis, que de profiter des circonstances, notamment dans la conquête de la partie espagnole.

Un certain malaise, d'abord très vague, ne tarda pas à se faire sentir avec l'extension même de la sphère gouvernementale. Et, en poursuivant l'achèvement de l'œuvre si heureusement commencée, la fatalité semblait avoir jeté sur la route de Boyer la pierre d'achoppement, l'occasion du plus grave, du plus persistant des justes griefs que la nation ait conçus contre son Gouvernement et sa personne. Le mécontentement prit, en effet, des proportions inquiétantes pour la paix publique du jour que le Président avait accepté l'Ordonnance royale du 17 Avril 1825. La nation se sentit blessée dans sa fierté. Et cela se conçoit aisément. Ce fut une redoutable responsabilité pour ce chef d'Etat: avoir consenti, vingt ans seulement après les luttes mémorables de la guerre de l'Indépendance, à ce que le Roi de France nous octroyât une Indépendance qui était en notre possession, comme à des sujets révoltés auxquels il voulut bien pardonner, c'était, au regard du pays, une trahison de ses intérêts les plus chers, un crime inexpiable.

Boyer, qui a trouvé de nos jours des défenseurs opiniâtres de ses actes, ne fut jamais ménagé sur ce point. Et il ne s'est présenté à l'esprit de personne jusqu'ici, chose étrange, que l'acceptation de l'Ordonnance, sinon celle du chiffre de l'Indemnité, a pu avoir été commandée, dans une certaine mesure, par les circonstances du moment.

A la distance où nous sommes, nous tendons trop peut-être à voir un acte amical, tout à fait pacifique dans la mission historique du Baron de Mackau. Rien n'est plus contraire à la vérité. Je n'hésite pas à dire, pour ma part, que, pour être juste, de toute la justice que l'histoire doit à tous, il ne faut pas isoler ainsi, comme on l'a toujours fait, cette acceptation des circonstances qui l'ont nécessairement accompagnée, oublier par exemple le grand déploiement de forces auquel eut pu recourir l'Envoyé du Roi de France; il convient de se rappeler, en outre, que le Sénat, les grands Corps l'Etat en ont partagé la responsabilité avec le Président. * Il n'est pas moins constant cependant que dans toutes le négociations relatives à cette affaire, Boyer ne suivit que ses seules inspirations, et qu'à lui notamment revient la responsabilité du chiffre de 150 millions qu'il a accepté presque sans discussion.

Ici encore, le Secrétaire-général Inginac, dont le témoignage ne pourait être contre-balancé que par celui d'un témoin opposé, dépose contre lui. Il rapporte que Boyer lui retira le contre-seing de ses actes depuis 1826, " à l'occasion, " ajoute-t-il, de justes observations que je lui " fesais (sic) relativement à la mission de " Mr. de Mackau à l'égard de l'indemnité.*"

La situation des contemporains placés en face de l'acte, ne leur permit pas, assurément, de voir les choses avec toute l'impartialité voulue.

Pour eux qui se trouvèrent sous l'empression brutale du fait cruel, douloureux, ils ne retinrent qu'une chose, c'était que le pays avait été humilié, avili. La popularité du Président ne s'en releva jamais; et à partir de ce moment, la désaffection populaire se traduisit par une série non interrompue de conspirations mystérieuses sur presque tous les points de la République, jusque dans les rangs de la Garde du Palais. La première en date fut celle de juillet 1825, découverte au Cap-Haïtien, et dans laquelle se trouvèrent compromis les généraux Prophète Daniel, Toussaint, St. Fleur, Nord-

* Aux termes de l'article 125 de la Constitution de 1816, le Sénat avait le droit de sanctionner ou de rejeter les traités faits par le pouvoir Exécutif. Voir à l'Appendice la pièce A.

* Voir Joseph Balthazar Inginac, etc — A ses Compatriotes, Ecrit déjà cité.

Alexis, commandant de la Place du Cap * et l'officier de santé Eusèbe. Deux ans plus tard, ce fut le célèbre complot du Capitaine Jean François des grenadiers de la Garde. Cette fois, l'affaire avait pris des proportions étendues: un grand nombre d'officiers, entre autres Jean Louis Bellegarde, Similien, le futur empereur, Soulouque, y étaient engagés. Toutes ces conspirations, où figurait surtout l'élément militaire, provenaient d'une même origine: le mécontentement qu'avait fait naître l'acceptation de l'Ordonnance et de l'Indemnité de 150 millions.

Là ne s'arrêtaient pas toutefois les conséquences de cette politique. Dès 1826, le déficit apparut dans le Budget de l'Etat, par suite de la nécessité où se trouva le gouvernement de payer une somme de cinq millions pour compléter le premier terme de cette Indemnité.

Il se produisit, à cette occassion, une perturbation dans la circulation monétaire, dont les suites devinrent fatales à la stabilité économique du pays. Pour effectuer l'envoi des cinq millions, on dut se procurer de préférence le doublon espagnol, et celui-ci, qui jusque-là circulait au pair avec la monnaie nationale au grand avantage du pays, fit prime aussitôt sur sa concurrente ; il y eut un *change* sur notre marché.

La situation alla d'ailleurs s'empirant chaque jour. L'administration se trouva rapidement acculée, et pour remplir sa caisse qui persistait à rester vide, une loi de 1827 l'autorisa à émettre du papier-monnaie. Les conséquences économiques ne tardèrent pas à se produire; elles furent bientôt aggravées par de nouvelles mesures prises en vue même d'opérer le retrait, comme on va le voir, vers 1835.

Pour faire face aux charges écrasantes de

* Probablement le père du Président actuel de la République. Boyer le révoqua de ses fonctions et le remplaça par le général Léo.

l'Indemnité, la nation fut imposée, dans le cours de l'année 1828, d'une Contribution extraordinaire de trente millions de piastres, payable en six années, de la manière suivante: une somme annuelle de trois millions de piastres fut répartie entre les 26 arrondissements de la République, selon leur importance. Chaque arrondissement devait faire une sous-répartition entre les communes de son ressort; chaque commune, une dernière répartition entre tous les citoyens, divisés en classes, selon leurs moyens.*

Le sacrifice était trop lourd, car il devait s'ajouter aux impôts ordinaires qui alimentaient régulièrement le trésor public. Et l'on ne comprend pas que les Chambres aient pu croire à la possibilité pour le pays de supporter des charges aussi énormes.

Le gouvernement n'en retira pas les ressources auxquelles il s'était attendu ; la loi ne fut pas appliquée. Le Corps législatif dut rendre bientôt celle du 29 Septembre 1829 qui établit sous la rubrique d'Imposition personnelle et mobilière, un impôt de 5 % sur le mininum des revenus ou des produits de l'industrie de chaque citoyen. Pas plus que la précédente, la loi nouvelle ne put être exécutée.

Pour suppléer à ces impôts demeurés improductifs, il ne restait que l'expédient des gouvernements obérés, le papier-monnaie. L'administration y recourut dans les plus larges mesures pour équilibrer le Budget. Et l'instant ne tarda pas à venir, où la dépréciation de la monnaie nationale, commencée en 1826, accentuée déjà par l'abondance excessive de la masse du papier circulant, allait être en quelque sorte légalement consacrée par le Gouvernement.

En effet, en vue d'accumuler dans les caisses du

* Voir l'Adresse de la Chambre, in Lepelletier de Saint Remy, **St. Domingue, Etude et Solution nouvelle de la question haïtienne** tome II, pages 64 et 65 — Voir en outre A. Thoby, **Les Finances d'Haïti sous le général Salomon, broch. p. 4.**

trésor l'or nécessaire au paiement des termes de l'Indemnité, il fit rendre par le Corps législatif, la loi du 14 juillet 1835 qui exigea désormais l'acquittement des droits de douane à l'importation en monnaie forte, c'est-à-dire en doublons d'Espagne.

La prime de l'or, jusque-là assez modérée, fit un écart tel que la gourde-papier n'arriva à circuler un moment que pour le tiers de sa valeur nominale. L'importation se ralentit et une misère affreuse s'abattit sur le pays.

Les conséquences politiques de l'acceptation de l'ordonnance du 17 Avril ne furent pas moins graves que la perturbation que cet acte avait déterminée dans la situation économique. Ce fut l'occasion pour l'opinion publique naissante de surveiller et de contrôler de plus près les faits et gestes du pouvoir. Les populations, qui semblaient jusque-là assoupies, frappées dans leurs besoins et leurs intérêts matériels, portèrent une attention plus suivie aux actes de l'Administration. L'esprit d'examen s'accentua davantage. Une nouvelle génération avait surgi d'ailleurs, avec des idées et des aspirations plus hardies. En partie, elle était sortie du Lycée de Port-au-Prince. Depuis 1825, Joseph Courtois avait fondé la " Feuille du Commerce " qui marcha dès lors en tête de l'esprit public. Avant lui, plusieurs gazettes avaient paru, mais presque toutes s'occupèrent bien plus de Littérature que de Politique.

Désormais, la Presse gagna de jour en jour en importance.

L'un des actes de l'administration de Boyer, qui porta les fruits les plus amers après l'acceptation de l'Ordonnance de Charles X, fut à coup sûr, son essai de réglementation du travail agricole connu sous le nom de code rural de 1826. Jamais mesure ne fit verser tant de flots d'encre et ne donna ouverture à tant de récriminations. La vérité est qu'elle contribua rapidement à dépopulariser Boyer et que ce fut d'ailleurs un anachronisme bien regrettable de sa part, que d'avoir voulu constituer le servage du paysan haïtien, après vingt années d'Indépendance et de Liberté.

Il perdit du coup l'affection des classes rurales.

Le régime de fer, auquel le génie autoritaire de Toussaint-Louverture et de Dessalines avait soumis ces populations, à leur sortie de l'état servile, avait fait place, sous Pétion, à un système de laisser-aller qui fut certainement préjudiciable aux habitudes d'ordre et de discipline, nécessaires à l'avenir de la Jeune République. Quand vint le code rural de 1826, on se représente sans peine comment il dut être accueilli, quels qu'en fussent les bons ou mauvais côtés.

Or, cette loi a été unanimement condamnée par tous les esprits éclairés. Elle ravissait à cette classe de citoyens qu'elle visait plus spécialement, les droits et les garanties les plus formels établis par la Constitution. Le code rural inter-
" disait au paysan, sous peine d'emprisonnement,
" en cas de récidive, sous peine de travaux
" forcés, de voyager à l'intérieur sans avoir
" obtenu un permis du fermier, du propriétaire
" ou du gérant du domaine sur lequel on l'em-
" ployait; il supprimait le droit du cultivateur
" de quitter la campagne pour aller habiter
" les villes et les bourgs; il déclarait qu'aucune
" réunion ou association de laboureurs fixés
" sur la même plantation ne pourrait se rendre
" fermière de la totalité de la plantation pour
" l'exploiter; il commandait au paysan d'être
" soumis et respectueux envers le propriétaire,
" le fermier, le gérant, sous peine d'emprison-
" nement.

" Hormis le fouet, c'était l'esclavage." *

Ici, le contraste est frappant entre la politique étroitement conservatrice et oligarchique de

* Louis Joseph Janvier. Les Constitutions d'Haïti — page 149.

Boyer et les fortes tendances démocratiques et libérales de son prédécesseur. Le paysan n'eut pas même la ressource d'échapper à la loi en devenant propriétaire; depuis 1821, défense avait été faite aux notaires de passer des actes de vente pour moins de cinquante carreaux de terre, et le code rural mettait fin, à son tour, aux concessions de parcelles que faisait le gouvernement sur le Domaine.

" Le principe de la loi (le code rural) était
" l'inféodation à la glèbe de tout individu non
" fonctionnaire qui ne justifierait pas d'une
" profession soumise à la patente ou de mo-
" yens acquis d'existence comme propriétaire;
" il avait fallu prendre des mesures pour que
" la possession d'une parcelle du sol ne fût
" pas un moyen d'éluder légalement la loi. La
" limite qu'un propriétaire était tenu d'atteindre
" avait été fixé à quinze acres * ".

Le code rural, essentiellement impopulaire, avait été frappé d'une précoce désuétude. Paysans et propriétaires se trouvèrent d'accord pour le condamner (*). Il tomba, accablé de tous côtés, et sa chute a écrasé l'agriculture, ajouta la Chambre des communes, en 1838.

On y a vu, depuis, de la part de Boyer, une tentative de fonder, au détriment de l'égalité démocratique, une manière d'aristocratie foncière.

Quel qu'ait été son véritable dessein là-dessus, il est acquis, que si sa réglementation avait passé dans les lois et les mœurs, il en serait sorti, à la longue, une classe de grands propriétaires et le servage effectif du paysan.

Le code rural devint une arme terrible aux

* Lepelletier de Saint Remy, Revue des deux Mondes, livraison du 15 Novembre 1845

* Le code rural était tellement condamné par tous les gens de cœur de l'époque que le général Borgella, Commandant de l'arrondissement des Cayes, ne l'a jamais fait exécuter dans son commandement.

mains de l'Opposition naissante, tout comme l'ordonnance du 17 Avril. Elle s'en servit, dans la suite, pour entretenir l'antipathie et la méfiance des classes rurales contre le gouvernement de Boyer.

L'agitation continuait, entretenue par la répression même des délits qu'elle faisait naître.

Au mois de Février 1827, Courtois fut poursuivi en police correctionnelle. Jonathas Granville, son ami et condisciple au "Collège de la Marche", et son ancien compagnon d'armes des armées françaises de l'Empire, l'un des haïtiens les plus instruits et les plus distingués de l'époque, donna avec éclat sa démission de commissaire de Gouvernement au Tribunal de Cassation, pour se charger de la défense du journaliste.

Un tel acte eut nécessairement du retentissement, même à l'Etranger.*

La ville des Cayes saisit l'occasion pour offrir à ce citoyen, par souscription publique, une médaille d'Honneur, par l'intermédiaire d'Hérard—Dumesle, son député (*) ; exemple qui sera suivi en 1839 par Jérémie en faveur de Dumesle, à son tour.

Ainsi, en même temps qu'elle se dessinait et prenait de la consistance, l'opinion s'affirmait surtout en opposition contre le pouvoir. La presse la dirigeait dans ce sens. Les amis de l'administration ne furent pas longtemps à sentir la nécessité de sortir de l'inaction, de se servir des mêmes armes pour disputer le terrain à leurs adversaires.

Dans l'année 1830, un journal, le "Phare" fut

* Granville reçut à cette occasion, une lettre de félicitations du philantrope français Isambert

2 Voir la Biographie de Jonathas Granville, par son fils, pages 21, 254 et 255.

créé, avec Duton Inginac, le fis du Secrétaire-général, comme rédacteur, pour répoudre à ces préoccupations. Et presqu'aussitôt, une polémique s'alluma entre le nouvel organe et "La Feuille du commerce", à propos de certaines questions économiques. *

La controverse, alimentée, du côté de l'Opposition par B. Fruneau, récemment arrivé de France, professeur de mathématiques au Lycée Pétion, et par Duton Inginac, de l'autre part, dura hut mois. Elle finit brusquement en avril 1831, par une catastrophe. Fruneau fut tué, à 22 ans, dans un duel au sabre, par Duton Inginac, qui fut du reste grièvement blessé lui-même. Cette mort tragique consterna d'abord, puis souleva d'horreur le Port-au-Prince, surtout les jeunes Lycéens, élèves de Fruneau, dirigés alors par Jonathas Granville. Le lendemain, les funérailles de l'infortuné journaliste devinrent l'occasion de manifestations tumultueuses: le cortège passa dans le voisinage du Palais, aux cris répétés de "vive la liberté de la Presse; "à bas la tyrannie et les tyrans!"

Boyer rentra furieux à la Capitale, de l'Arcahaie où il se trouvait au moment des manifestations. Son premier acte fut de révoquer le Directeur du Lycée, Jonathas Granville, qu'il accusa de corrompre la jeunesse; il fit ordonner des poursuites contre plusieurs individus, parmi lesquels J. Courtois, le rédacteur de "La Feuille du commerce."

Le sang de Fruneau féconda le sol où germait déjà l'Opposition et d'où elle allait prendre un irrésistible élan pour s'étendre et couvrir de ses rameaux la surface du pays.

Il y eut, à cette même époque, une agitation aussi sérieuse dans l'arrondissement de St. Marc

* Les rédacteurs de ‹ La Feuille du Commerce › étaient : Joseph Courtois, Benjamin Fruneau et Prosper Fouchard.

pour que Inginac, le Secrétaire-général, y fut envoyé avec mission d'apaiser les esprits.

Les nouvelles idées, qui se faisaient jour un peu partout, envahirent la Chambre des Députés dans la personne des Représentants Hérard-Dumesle et David St. Preux. Le premier devint du coup le principal organe de l'Opposition.

A une des séances de cette assemblée, le 27 juin 1832, il prononçait un discours véhément, par lequel il réclamait la publicité des débats, contrairement à une décision de la majorité, qui avait fait d'une disposition facultative, la règle fixe des délibérations.

" Toutes les fois, disait-il, qu'on a demandé " s'il ne convient pas mieux de discuter les lois en " comité général qu'en séance publique, je n'ai pu " m'empêcher de manifester mon étonnement " de ce qu'un point si clairement décidé par la " Constitution soulève encore une question parmi " nous. La publicité est l'âme des débats, elle " inspire une pudeur politique aux législateurs que " des vues particulières pourraient égarer de la " route de leurs devoirs. Ainsi, la loyauté et la " raison condamnent cette persistance à ne jamais " délibérer qu'en secret. C'est fausser le principe " de l'article 78 invoqué par notre Collègue Cuna " que de prétendre que la faculté laissée aux Légis- " lateurs de délibérer à huis-clos doive devenir la " règle absolue des délibérations ; et bien que la " majorité l'ait décidé dans une de nos séances ; " sa volonté ne saurait être une loi pour nous, puis- " qu'elle s'élève contre la loi suprême.

" Je proteste donc contre elle.

" Notre immortelle Assemblée Constituante, s'ex- " primant par l'organe du grand Pétion, a dit : " voyez quels avantages doivent résulter de cette " institution, nos lois ne seront plus l'expression " du caprice et de la volonté d'un individu, tou- " jours porté, par ses passions, à séparer son in-

“ térêt particulier de l’intérêt général. Elles seront
“ l’ouvrage d’hommes intègres et éclairés ; elles se-
“ ront soumises à un examen sévère et à une dis-
“ cussion publique. Voilà le véritable esprit de
“ l’article 78, s’en écarter, c’est trahir son devoir.
“ Je demande donc que la séance soit publique.”

Ici, le représentant Milscent ayant soutenu l’opinion opposée, Hérard-Dumesle reprend la parole :

“ Jusqu’à quand, législateurs, le préopinant sou-
“ tiendra-t-il l’erreur par le sarcasme ? Jusqu’à
“ quand, renoncera-t-il à être lui-même ? Eh quoi !
“ il a pu affirmer que ce n’est pas dans le rap-
“ port de l’Assemblée Constituante qu’il faut cher-
“ cher la raison de l’article 78, parce que la
“ Constitution a été revisée en 1816. Il a pu avan-
“ cer que les législateurs de 1806 n’étaient pas
“ délégués par le peuple ; il a pu nous rappeler
“ une époque fatale, pour intimider nos cons-
“ ciences...
“ ....

“ Quant aux malheurs qui ont frappé la Repré-
“ sentation Nationale en 1822 (Affaire Darfour)
“ et que l’honorable orateur ne nous rappelle
“ sans doute que pour nous engager à nous en
“ préserver, détournons-en la vue ; cette époque
“ fatale est celle de notre honte et de notre humi-
“ liation ; le peuple désavoue le concours qu’on lui
“ prête dans ce sinistre événement.

“ Au reste, respectons ce qui est respectable,
“ soyons les amis constitutionnels du pouvoir, res-
“ serrons les liens précieux de la Concorde, et si
“ nos vœux inoffensifs sont incriminés, si, pour
“ remplir nos devoirs, nous dussions nous attendre
“ à un nouveau 30 Août (1822), ayons le généreux
“ courage de les remplir et d’attendre la mort sur
“ nos chaises curules. L’histoire recueillera nos
“ noms, elle dira qu’au 19e siècle, chez une nation
“ magnanime qu’enfantèrent les prodiges du cou-
“ rage, chez une nation à peine entrée dans la
“ carrière de la Civilisation, on vit des députés

“ vertueux s’immoler à la défense des droits sacrés
“ du peuple, et la Postérité louera notre dévouement.

Honneur à la minorité ! s’était écrié David St. Preux, après ce discours ; et les choses restèrent là. Ce langage ne dut pas plaire à Boyer, et il est permis de supposer que le coup d’Etat du 14 Août de l’année suivante, par lequel Hérard-Dumesle et David St. Preux furent éliminés de la Chambre, fut dès lors arrêté dans sa pensée. Le Président augmenta les difficultés de la situation par la manière violente dont il entra en lutte avec l’Opposition parlementaire.

A la session qui suivit, ses manœuvres aboutirent à faire chasser de la Chambre, par une majorité complaisante, les deux représentants dont la parole indépendante était selon lui un danger pour l’ordre social. Le 14 Août 1833, Hérard-Dumesle et David St. Preux furent éliminés par la majorité de l’Assemblée. Ils protestèrent contre cet acte et demandèrent, par pétition, au Sénat de se constituer en Haute Cour pour les juger, s’il y avait des faits à leur charge.

Le Sénat ne fut point de cet avis.

Ce grand corps qui avait alors “ le dépôt de la Constitution ” ne voulut pas comprendre que l’élimination de ces deux représentants par la majorité de la Chambre constituait une monstrueuse illégalité. Il se contenta de rejeter la demande, en arguant qu’il n’avait été informé par la Chambre de la mise en accusation d’aucun membre de cette Assemblée.

Par ce coup maladroit, exécuté contre deux députés appartenant à la minorité, et ajouté au précédent de 1822, Boyer se préparait une longue suite de difficultés. Loin d’arrêter l’Opposition dans sa marche, il contribua, par ses violences continuelles, à l’exaspérer, sans pouvoir parvenir à s’en débarrasser une bonne fois.

Provisoirement, la tribune resta muette ; et pendant cet intervalle, il dut s'applaudir de la réussite complète de son dessein. Le Président en fut assez vite détrompé. Dans le pays, le mécontentement avait grandi. L'année 1837 s'ouvrit avec le complot du colonel Isidore Gabriel, au Cap-Haïtien. La tentative échoua, et Gabriel et ses compagnons furent immolés *

Avec l'entrée en scène de la 5e législature, il reçut un coup cruel, les Cayes et Aquin réélisaient les éliminés de 1833. La chambre se réunit en Avril 1838, et l'on put constater qu'elle ne ressemblait pas à sa devancière, qu'elle était animée d'un esprit de progrès et de réforme avec lequel il fallait désormais compter. Nous avons dit que David St. Preux et Hérard Dumesle avaient été réélus par leurs communes respectives, il y eut mieux : la plupart des communes du Sud avaient envoyé à la Chambre des députés imbus des idées de l'Opposition. Le gouvernement perdit son ancienne majorité.

En effet, afin de bien marquer ses tendances réformatrices, la Chambre élut Hérard-Dumesle pour présider ses délibérations. Boyer recueillait le résultat de sa politique toute de provocation et de brutalité.

Dans une de ses premières séances, le 27 Avril 1838, la nouvelle Assemblée essaya de résumer les besoins et les aspirations du pays, dans un message adressé au Président.

" La Chambre n'ignore pas, est-il dit dans ce " document, qu'à côté de l'avantage d'améliorer " est le danger d'innover ; mais elle sait aussi que, " lorsque les réformes sont l'œuvre de la sagesse, " lorsqu'elles sont réclamées par un besoin impé- " rieux, lorsq'une intelligence de progrès préside " à leur introduction, qu'elles sont analogues aux

* Au triomphe de la Révolution, pendant sa tournée dans le Nord, Rivière Hérard fit rendre de grands honneurs aux restes de ces victimes.

" principes conservateurs et dans l'esprit des Ins- " titutions, qu'elles servent à leur donner des dé- " veloppements vivaces, le danger cesse, et il ne " reste que le bien et l'utilité.* " Boyer reçut avec colère le message de la Chambre ; il y vit une atteinte à sa toute-puissance. La Chambre, au lieu de les attendre de son bon plaisir, osait lui demander d'introduire des réformes dans l'Etat. Une telle outrecuidance lui semblait insupportable.

Juste à ce moment-là, à Léogâne, le Secrétaire-général Inginac faillit être tué d'un coup de fusil, sur ses terres. Cet incident fut suivi d'un commencement d'agitation et de rassemblement dans les populations rurales des hauteurs de cette ville, très vite dissipé d'ailleurs ; c'était l'occasion de compromettre la Chambre ; et un instant, on put craindre sérieusement que l'existence de l'Assemblée ne fût tranchée par un mauvais coup, comme celui d'Août 1833. Emue, la Chambre décida d'envoyer une députation au Président pour l'assurer de son dévouement à la Constitution et à la paix publique, mais elle n'essuya que des rebuffades de sa part.*

Voici en quels termes, trois mois après, le Président de cette assemblée, Hérard-Dumesle, rappelait ces graves conjonctures, dans son discours de clôture: " .... et, si des orages ont, pendant " un instant, troublé l'harmonie de l'ordre ; si ce " trouble a failli avoir une funeste réaction contre " vous ; si l'on vit enfin la calomnie multiplier " ses échos, tantôt pour ébranler votre généreux " courage, tantôt pour mettre en doute votre ci- " visme, le cœur des gens de bien est demeuré " pour vous un sanctuaire inviolable.

" Oui, vous avez eu en présence l'expectative

* Voir le Supplément au tome VI du Recueil général des Lois et Actes etc- par Ém. Edouard, pages 10 et suivantes.

* La députation fut reçue au Palais en même temps qu'une députation du Sénat. Là, une discussion s'ouvrit entre députés et sénateurs : la députation du Sénat osa accuser la Chambre de pousser les esprits à la révolte — accusation qui fut repoussée avec chaleur par Hérard-Dumesle, président de la députation de la Chambre.

" de ces jours néfastes où le feu sacré des prin-
" cipes s'éteignit. Cet instant est encore trop près
" de vous pour ne pas en ressentir les impressions,
" pour ne pas vous rappeler que votre *Adresse fut*
" *confondue avec ces actes qui excitaient l'appré-*
" *hension générale ; que vous ne devez le salut de*
" *la 5ème législature qu'à ce calme imperturbable ,*
" *qu'à cette modération que n'ont pu vous faire*
" *perdre ni les paroles tombées de haut , ni les pro-*
" *vocations même les plus virulentes.* "

On ne sait quel reste de pudeur arrêta Boyer sur ces limites toutes voisines de l'absolutisme , et qu'il franchit du reste un an après , au cours de la deuxième session de la législature.

A l'occasion du renouvellement partiel du Sénat , une lutte grave , pleine d'incidents, et où le Sénat joua un rôle méprisable , s'engagea entre le Président et la Chambre, toujours présidée par Hérard-Dumesle. Les articles 107 et 108 de la Constitution de 1816 disposaient , le premier : " le pouvoir Exécutif forme une liste de trois candidats pour chaque sénateur à élire , pris dans la généralité des citoyens ," et le second : " la Chambre des Communes élit parmi les candidats proposés le nombre des sénateurs prescrit pour former le Sénat etc."

Or , il y avait à pourvoir au remplacement de cinq sénateurs ; le Président imagina , contrairement aux dispositions formelles de ces articles et aux précédents consacrés par Pétion et par lui-même , au début de son gouvernement , de procéder par présentation de liste séparée de trois candidats pour un sénateur à élire. La Chambre soutint qu'il fallait présenter une liste générale et unique de quinze candidats pour les cinq sénateurs à élire. A la suite d'une discussion longue et active , le désaccord éclata , menaçant. Et Boyer qui , à défaut d'arguments sérieux , savait pouvoir compter sur le Sénat peuplé de ses créatures et toujours bon courtisan , en appela à ce corps qui , malgré l'évidence, se rangea de son côté.

Il n'est pas sans intérêt de rechercher les mobiles auxquels obéit le Président dans la circonstance. Ce serait le mal connaître que de supposer que son attitude provenait d'une interprétation erronée de dispositions constitutionnelles. Il n'eut en vue que le moyen de remplir le Sénat d'hommes dévoués à sa personne, toujours disposés à lui donner raison; et pour cela, il voulut se réserver la faculté de présenter les mêmes candidats plusieurs fois aux suffrages de la Chambre. En déposant une liste unique de quinze candidats pour les cinq sénateurs qu'il s'agissait d'élire, il se fut dessaisi de tout moyen de réintroduire, après un premier échec, les noms de ceux auxquels il pouvait avoir des raisons particulières de tenir; tandis qu'en fournissant des listes séparées de trois candidats pour chaque sénateur à nommer, il eut nécessairement atteint son but qui était de représenter les noms des candidats battus, à chaque nouvelle élection.

L'intervention du Sénat exaspéra les Députés.

Le message de ce Corps à Boyer fut connu à la Chambre, à la séance du 30 septembre. L'agitation y fut telle que le Président de l'Assemblée jugea prudent de fixer la discussion au 4 octobre suivant, afin de laisser le calme se faire dans les esprits. Plusieurs représentants se firent inscrire pour la parole.

Les bruits, qui circulaient au début de la session, se précisaient davantage. Il était visible que le pouvoir, secondé par le Sénat, marchait ostensiblement à un coup de force contre la Chambre, et le préparait; Boyer usa, cette fois encore, des mêmes procédés qui consistaient à faire exécuter par d'autres les besognes qu'il avait conçues et préparées sous main. Il gagna un certain nombre de députés qui s'engagèrent à séparer leur sort de celui des Opposants.

A la séance du 4 Octobre, des discours virulents furent prononcés par les représentants Lartigue, Baugé, Lochard, Loiseau. La Chambre avait ouvert les débats par une protestation préalable contre le Message du Sénat, sur la proposition de David St.-Preux.

Ce Député vitupéra avec la plus singulière violence la conduite du Sénat, et termina sa philippique par un véritable appel au peuple. L'Assemblée se sépara, après avoir fixé sa prochaine réunion au 7. Il y eut à signaler, au cours de cette orageuse et mémorable séance, l'augmentation considérable de la garde ordinaire de la Chambre. Interpellé par le Président, l'officier de garde répondit qu'il s'agissait de mesures prises en vue du maintien de l'ordre.

Dès le lendemain 5, la machination odieuse que redoutaient tous les bons esprits, fut mise au jour afin de briser la Chambre. Les Députés précédemment embauchés pour la besogne qui s'élaborait dans les officines du pouvoir, publièrent contre leurs collègues de l'Opposition une protestation * qu'ils adressèrent au Chef de l'Etat. Boyer, par machiavélisme, ne voulut pas attenter directement aux droits, à la liberté des représentants dont il entendait se débarrasser. Se servir de la Chambre pour détruire la Chambre dût lui paraître le dernier mot de l'art enseigné par le célèbre Florentin.

Cependant, peu de jours avant, cet homme protestait de la pureté de ses sentiments, de l'indignation de son âme, parce que la Chambre lui avait écrit pour l'avertir des bruits de projets sinistres qui circulaient contre elle. " Ma vie privée, ma carrière publique sont au grand jour ", s'était écrié le Président.

Le 9 Octobre, la Chambre élimina les représentants Hérard-Dumesle, David St. Preux, Lartigue, Beaugé et Couret, et en avisa aussitôt le

* Voir à l'Appendice la pièce B

Président. Deux jours auparavant, le 7, elle avait " formé " un autre bureau, et procédé à l'élection d'un premier sénateur, selon la théorie présidentielle admise par le Sénat. La Chambre appelait cela " *s'organiser avec des principes d'ordre et d'amour pour le bien public.*"

La farce cynique était jouée ; l'absolutisme l'emportait encore une fois. Cinq députés, les plus capables, les plus populaires venaient d'être dépossédés brutalement de leurs sièges, parce qu'ils voulurent que la Constitution fût une réalité dont on ne se moquât pas à sa fantaisie.

Le Pays retint la leçon.

Hérard-Dumesle et David St.-Preux quittèrent presqu'aussitôt la Capitale. Mais ils n'avaient pas encore fini avec les persécutions tyranniques de Boyer. Sur la route, au Petit-Goâve, ils furent un moment arrêtés et emprisonnés même, pour défaut de *permis*. Par sa lettre du 14 Août, datée de cette ville, et adressée à " La Feuille du Commerce, " Hérard-Dumesle disait sur les événements qui venaient de se dérouler à la Capitale : " Dans " le compte que Mr David St Preux et moi nous " rendrons de notre mission et où nous répète- " rons la protestation conservatrice de nos droits et " de l'inviolabilité que nous ne tenons que du peu- " ple et du pacte social et que nul corps, comme " nul individu, ne peut nous ravir qu'après un ju- " gement de la Haute Cour de Justice, nous dé- " voilerons l'entreprise antinationale dirigée contre " nous. Nous rendrons justice à cette majorité " pure qui brilla dans tout l'éclat de son indépen- " dance le 19 Septembre dernier et qui n'a failli " que parce que l'intrigue l'a brisée et décimée, " et que la terreur de l'état de siège et les san- " glantes menaces qui l'entouraient l'ont tellement " impressionnée, qu'elle a été privée du libre ar- " bitre. J'ajouterai que l'envahissement de la " Chambre et l'occupation de ses portes par la " force, ont achevé ce qu'avaient commencé les

" précédents ; et le pays jugera si nous avons " rempli avec honneur notre mission constitution- " nelle, et si l'épithète de " factieux " * peut nous " être appliquée. "

Tandis que les manœuvres machiavéliques de Boyer aboutissaient à l'anéantissement de la 5e législature, les citoyens de Jérémie, auxquels cette Chambre avait fait concevoir les plus belles espérances, offraient spontanément, au nombre de cent vingt et un, une médaille d'or * à Hérard-Dumesle. Ils ignoraient encore les événements du 9 Octobre.

Leur hommage ne parvint au député des Cayes qu'après son départ de la Capitale.

C'était plus qu'il ne fallait pour fortifier son courage et son patriotisme. " Cet hommage des " Citoyens de Jérémie, disait la lettre d'envoi, " n'est pas dû seulement au courage politique " dont vous avez souvent fait preuve à la tri- " bune nationale, en défendant les droits et les " intérêts du peuple haïtien, quelqu'éclatant d'ail- " leurs que soit ce mérite ; mais encore et sur- " tout au rare désintéressement qui vous a fait " préférer une honorable pauvreté à de honteuses " richesses.

" Persévérez, citoyen législateur, persévérez " dans la noble carrière où, le premier dans " nos annales parlementaires, vous vous êtes " franchement élancé ; vous y aurez, vous y avez

* Voir la Proclamation de Boyer du 10 Octobre 1839

2 Voici, d'après " La Feuille du Commerce," No 4, 6 Novembre 1839 et F. E. Dubois, eo. loc. cit. p. 27, la description de cette médaille :

Sur la face, elle offre une couronne civique avec l'inscription : les citoyens de Jérémie à Hérard-Dumesle, membre de la Chambre patriote des Représentants pour son courageux dévouement ; plus bas : " palman qui meruit ferat. " A l'exergue, 1839, et au revers, le livre de la Constitution ouvert avec le mot " Constitution ". Pour légende : Liberté, Egalité, Vertu, Indépendance.

“ déjà des émules dignes de vous et de la cause “ sacrée que vous défendez.* ”

Des Cayes, à date du 21 Octobre, Hérard-Dumesle remercia les Citoyens de Jérémie, par une lettre trop longue pour être reproduite tout entière, mais dont nous extrayons le passage suivant: “ votre adresse a rempli mes “ vœux les plus chers, elle affermit cette con-“ viction intime qui me redit, dans ce moment “ même, qu'en gémissant sur les plaies qui dé-“ vorent mon pays, qu'en les signalant, qu'en “ indiquant surtout le remède qu'on doit y ap-“ pliquer, j'ai rempli un devoir sacré; et si, “ pour conserver la pureté des dogmes de la “ Constitution et raviver ses préceptes, les vrais “ députés de la nation, ceux qui ont cherché “ avec moi, à faire éclore les sympathies na-“ tionales, mais dont l'âme républicaine ne sait “ se courber que devant *la majesté de la loi* “ *des lois*, si, dis-je, ils se sont comme moi “ exposés aux dangers de la proscription, en “ préconisant ces idées d'ordre, d'améliorations, “ de civilisation et de progrès repoussés avec “ tant de violence par la doctrine des précédents, “ ils ont toutefois laissé profondément impri-“ mée dans les esprits cette vérité qui ne de-“ meurera pas inutile: *le gouvernement représenta-“ tif n'est pas impossible en Haïti.**

A cette imposante manifestation qui était une condamnation de sa politique, Boyer répondit par la révocation de quarante fonctionnaires de tous ordres parmi les citoyens qui y avaient pris part. Frappés cruellement, les Jérémiens tinrent bon; le 7 Novembre suivant, ils offrirent un banquet au citoyen Lartigue, leur député, un des éliminés du 9 Octobre.

* Datée de Jérémie, 20 Septembre 1839 et signée de: H. Féry, Chassagne fils, Ane C. Fouchard, Rocher, J. E. Mauclair, Lque Olivier, R. Isaac, R. Rocher, Montès, Jques Villedrouin, F. Donat, Paret fils.

* Voir “ La Feuille du commerce ”, No. 4, 6 Novembre 1839

Aux Cayes, les électeurs d'Hérard-Dumesle organisèrent aussi un banquet, beaucoup moins grandiose, à la vérité, que celui de Jérémie, mais également suivi de révocations de fonctionnaires.

A cette occasion, Laudun, révoqué comme directeur de l'Imprimerie du Gouvernement, sera élu député en Février 1842, en manière de protestation contre l'arbitraire présidentiel.

Ces violences excessives, ces moyens d'intimidation, par lesquels le gouvernement de Boyer chercha à enrayer l'Opposition n'eurent qu'un résultat : la précipiter plus avant dans la voie où elle s'était engagée. Il se fit la plus grande agitation, dans l'opinion, autour de ces destitutions en masse. Le Sénateur B. Ardouin crut devoir défendre le principe de ces mesures.

L'Opposition lui riposta par un écrit anonyme intitulé " *Apologie des destitutions pour opinions " politiques, dogme de l'obéissance passive prêché " aux fonctionnaires publics par un Sénateur et " réfuté par un citoyen privé* ". L'auteur de cet écrit était Honoré Féry de Jérémie, qui venait d'être révoqué de ses fonctions de trésorier. *

Dans ce grand nombre de pères de famille qui furent du jour au lendemain privés de leurs seules ressources, quelques-uns se montrèrent faibles et se retractèrent. Boyer y vit l'occasion de semer la division parmi les Opposants : il réintégra ces malheureux, mais fit publier leurs lettres de soumission. *

L'Opposition s'étendait et gagnait de proche en proche, à la façon d'une tache d'huile. Un beau jour, le Président la trouva maîtresse du pays, alors qu'il se flattait peut-être de l'avoir terrassée pour toujours.

1 Voir Dubois in eo. loc. cit. page 41. Cet écrit est reproduit par B. Ardouin dans la réfutation qu'il en a faite. Plaquette — Bibliothèque nationale, Paris

2 Dubois, in eo. loc. cit. page 42.

CHAPITRE III

CHAPITRE III

L'Opposition se généralise
Développement et rôle considérables de la presse.
Le Gouvernement battu aux élections générales de 1842 : Les Eliminés de 1839 réélus.
Nouveau coup d'Etat.
Chassée pour la troisième fois de la chambre, l'Opposition recourt a la voie des Armes.

De l'étroite enceinte parlementaire, l'Opposition avait passé, par suite même des mesures exceptionnelles prises pour la réduire, dans le sein du pays qu'elle agitait. La ville de Jérémie marchait en tête du mouvement par une série de manifestations patriotiques et antigouvernementales à la fois, qu'elle avait ouverte.

Tout autre que Boyer eut vu là un avertissement et, peut-être, l'occasion d'un changement de direction. Mais lui n'en fut que plus irrité et plus aveugle.

La presse politique, représentée jusqu'alors par la " Feuille du Commerce ", prit une extension sans cesse croissante. Le journal de J. Courtois avait contribué, on l'a vu, à populariser les doctrines de l'Opposition en publiant les discours les plus hardis des députés de ce groupe, et avait eu de ce fait à soutenir de nombreux procès que lui intenta le Gouvernement.

Comme il avait tenu bon contre l'orage, son exemple provoqua des émules.

L'opinion qui se formait lentement depuis des années, avait fini par prendre une consistance remarquable : elle comptait désormais.

" Des observations tout fraîchement recueillies, " disait le " Républicain ", en 1836, dégagées, " de toute préoccupation d'amour-propre national, " prises surtout dans la génération actuelle, " nous attestent l'existence dans le peuple haïtien " de cette aptitude générale que nous avons don- " née comme devant préexister à toutes publica- " tions périodiques. Ajoutons que ces dispositions " populaires sont merveilleusement servies par cette " époque de calme et de recueillement si salu- " taire au développement de la pensée, à son " expansion et à sa distribution économique dans " toutes les parties vivantes du corps social.*"

Tel fut déjà le langage d'une feuille plutôt littéraire que politique, par conséquent modérée.

En 1842, à la veille des événements décisifs qui devaient amener la Révolution, voici comment elle était appréciée dans la marche qu'elle avait accomplie : " Cette opinion qui était nulle " ou à peu près, il y a quelques années, a " grandi, acquiert des forces tous les jours et " pourra bientôt occuper chez nous la place qu'el- " le occupe chez tous les peuples civilisés. Elle " ne fait que naître et déjà nous en pouvons " compter les avantages. Le temps n'est plus où " toutes les idées étaient armées, où la manifes- " tation d'une pensée contraire à celle du plus " fort, mettait de droit le faible à la discrétion " de celui-là. Une discussion libre et raisonnée " en succédant à la brutalité de ces temps de " trouble et d'erreur, en doit marquer l'éloignement " pour nous. Désormais celui qui a moralement

* No. du 15 Septembre 1836. Le " Républicain était surtout un journal littéraire. On y trouve insérées la plupart des poésies d'Ignace Nau et de Coriolan Ardouin.

" tort doit en définitive rester vaincu. La pensée " règnera souveraine *.

C'est que, dans l'intervalle, bien des événements s'étaient passés : l'éloquence parlementaire était née et avait animé la tribune ; le pays avait pris davantage conscience de lui-même, de ses intérêts et de sa force, tandis que le Gouvernement n'avait cessé d'accumuler fautes sur fautes, par l'arbitraire de ses procédés.

En 1841, Dumai Lespinasse fonda le "Manifeste." Ce journal qui devait contribuer pour une si large part au mouvement libéral, grâce aux talents remarquables et au courage de son Rédacteur, eut à soutenir pas moins de quatre procès en une année. Peu de temps après, parut le "Patriote" d'Exilien Heurtelou. En Février 1842, un organe gouvernemental "Le temps" fut lancé dans la lice pour soutenir la lutte contre les journaux de l'Opposition. Les principaux rédacteurs en étaient B. Ardouin et le secrétaire-général B. Inginac. L'agitation, entretenue par cette brillante presse, prit dès le début et garda jusqu'à la fin, un caractère rationnel, celui d'un conflit d'opinions. Et l'on put pressentir de sérieuses conséquences pour l'avenir. Deux courants s'affirmaient et se développaient au sein de la bourgeoisie divisée. Ecoutons le langage du "Manifeste":

" En présence des tendances divergentes de la " génération qui s'en va et de celle qui s'élève, " au milieu des préoccupations, des craintes de " cette lutte entre les idées nouvelles et le sys- " tème stationnaire, qui saurait conserver assez " de calme pour juger sainement de la situation " et prévoir l'issue de la réaction qui doit iné- " vitablement en découler?" *

C'est du prolongement de la lutte d'idées, née de ces tendances opposées de deux générations que

* Le "Patriote," No. du 2 Mars 1842.

* Le "Manifeste" No. du 10 Avril 1842.

sortit finalement la Révolution.

Aux Cayes, cette année-là avait été marquée par un incident qui montre que la révolution y était déjà sinon organisée, mais y fermentait à ce point dans les esprits qu'on en croyait l'explosion possible. Hérard-Dumesle intentait par devant le tribunal correctionnel un procès en diffamation à Céligni Ardouin, l'administrateur des finances, qui passait pour être l'agent confidentiel du gouvernement.

Dumesle l'accusait de l'avoir dénoncé au colonel Cazeau, commandant de la Place, comme chef d'un complot qui allait éclater en cette ville et qui devait s'inaugurer par l'assassinat du général Borgella, sur la route de Cavaillon, par où passait régulièrement ce dernier, pour se rendre Aux Cayes, de retour de son habitation "Custine."

Celigni était en outre accusé d'avoir donné le conseil à Cazeau d'opérer préventivement l'arrestation d'Hérard-Dumesle et de ses complices supposés.

Le complot avait-il existé? nous ne pouvons rien affirmer avec exactitude, n'ayant eu aucun document ni témoignage susceptible d'éclairer ce point. Cependant il semble difficile d'admettre le projet d'assassinat sur la personne de Borgella.

Il fut trop constamment aimé de ses administrés, de ceux même qui étaient les plus hostiles au gouvernement de Boyer. Les Opposants des Cayes crurent jusqu'à la dernière heure que Borgella eût finalement accepté de se mettre à la tête du mouvement qu'ils préparaient, et l'on sait que deux ans après, au moment du campement de Praslin, Rivière fit proposer à ce général de prendre la direction des évènements.

L'existence du complot n'avait pas pu être établie d'ailleurs, encore que Boyer se fût saisi de l'affaire.

Il y eut réellement dénonciation de la part de Céligni, puisqu'on avait eu le temps, pour détourner Borgella du coup dont on le crut menacé, de lui expédier le canot du port, afin d'opérer son retour aux Cayes par voie de mer. Ardouin ne put la nier. Il essaya sans succès de la justifier.

L'affaire eut du retentissement, la Presse et le Gouvernement s'en mêlèrent. Boyer appela au Port-au-Prince plusieurs personnages, entr'autres Essex Labastille, qui durent comparaître devant une commission d'enquête.*

Nul doute que Céligni Ardouin ne fît un pas de clerc dans cette circonstance, car Boyer n'eut certainement pas manqué d'en tirer parti pour se débarrasser des Opposants qui préparaient à ciel ouvert la ruine de son gouvernement. Faute de preuves positives, les choses en restèrent là.

L'incident ne ralentit en rien la marche des évènements. Le 1er Août, c'est-à-dire peu après, presque coup sur coup, on célébrait à Jérémie, par un magnifique banquet, l'anniversaire de l'émancipation des esclaves des colonies anglaises. Les organisateurs de la fête avaient convié cette fois les campagnards des environs de la ville à y prendre part.

Mais ce qui devait ébranler le Président, l'affoler même un instant, ce fut le résultat des élections générales de Février 1842. Un véritable désastre pour son gouvernement. Tous les éliminés de 1839 étaient réélus ; et l'Opposition, plus maîtresse que jamais, envoyait, dans presque toutes les communes, des libéraux à la Chambre.

Il convoqua le Sénat, à l'extraordinaire ; et le " Temps " qui réflétait la pensée gouvernementale, lança aussitôt un article fulminant sur le résul-

Voir : Plaidoyer d'Hérard-Dumesle contre Céligni Ardouin, l'Administrateur, prononcé devant le Tribunal correctionnel des Cayes, audience du 16 Juillet 1841. Brochure.

tat des élections et où il était question " des intri-
" gues et des manœuvres qui envahirent les assem-
" blées primaires pour nommer à la représentation
" nationale des hommes reconnus ennemis du Gou-
" vernement et déclarés factieux par la dernière
" législature."

A quoi " Le Manifeste " riposta : " Pour forcer
" au silence et arrêter dans sa marche l'Oppo-
" sition qui demande des améliorations et des
" réformes, qui demande des garanties pour la
" propriété et la vie des citoyens, qui demande
" que la loi soit la maîtresse de tout le monde
" et se trouve environnée de respect et de véné-
" ration, les rédacteurs du " Temps " ont soulevé
" le voile qui couvrait nos dissensions civiles ; ils
" ont présenté comme un exemple à suivre quel-
" ques inconstitutionnalités auxquelles était arrivé
" forcément Pétion engagé dans la guerre civile
" et craignant à chaque moment l'invasion étran-
" gère. "

" Suivant messieurs les Rédacteurs du " Temps,"
" les coups d'Etat doivent être toujours possibles
" aux gouvernements *."

Un nouveau coup de force était décidé en effet contre la représentation nationale, avant même l'ouverture de la session. Mais selon sa constante méthode, Boyer manœuvra de façon à cacher sa main. Il adressa un message au Sénat sous la date du 15 mars, un monument d'hypocrisie et de mensonge, où il osa accuser le Corps électoral de travailler au renversement de l'ordre des choses établi, en réélisant pour la deuxième fois à la Chambre, ceux que son seul despotisme en avait chassés trois ans auparavant.

Il demanda finalement à l'Assemblée la marche à suivre vis-à-vis des éliminés de 1839 dans le cas où la majorité de la Chambre déclarerait leur réélection valide. Le pauvre Sénat, complètement

1 Numéro du 3 avril 1842.

asservi, donna carte blanche au Président pour trancher toutes difficultés à cet égard.

On voit de quelle manière avait été accueilli le résultat des élections dans les régions officielles. Dans le pays, ce fut naturellement avec des sentiments tout opposés.

La confiance et l'enthousiasme étaient grands.

Le 6 Mars, la ville de Jacmel, jusqu'alors silencieuse, fit une adhésion bruyante à l'Opposition : elle offrit un banquet à Dumai Lespinasse, comme à un des défenseurs les plus sincères et les plus courageux des idées et des tendances de l'Opposition dans la presse. La fête s'ouvrit à sept heures du soir, aux sons de la musique, dans une salle magnifiquement décorée.

Là, divers toasts furent prononcés : le toast à la Constitution, porté par Télamon Modé, président du banquet, et celui à l'Opposition, par William Phipps, méritent d'être rappelés : " A la Constitu-
" tion, au respect et au dévouement constitution-
" nels pour les pouvoirs qu'elle a établis. C'est la
" Constitution, compatriotes et amis, qui consacre
" et détermine les droits et les devoirs des citoyens,
" qui institue les Agents chargés d'administrer les
" intérêts du pays et règle l'étendue et les limites
" des pouvoirs qui leur sont confiés ; c'est donc
" d'elle que doivent découler toutes nos lois civiles
" et criminelles : liberté, sûreté, propriété ; c'est
" elle seule qui nous garantit tous ces biens ; c'est
" d'elle seule que nous devons en attendre la con-
" servation, car la base de l'édifice, c'est la Cons-
" titution ; sur elle tout repose ; quand elle est
" brisée, tout s'écroule. Le sommet de l'édifice,
" c'est encore la Constitution, car elle domine tout :
" sa raison est la raison de tous, ses fins sont le
" bonheur de tous. Un peuple méconnait donc les
" lois nécéssaires de son existence, les citoyens
" perdent de vue le premier et le plus important
" des devoirs, la Société manque d'aplomb et de

" force, quand la Constitution cesse d'être la règle
" inflexible d'où découlent tous les actes de ses
" membres. Consacrons donc notre premier toast
" à la Constitution : c'est le vœu le plus important
" et le plus patriotique que le cœur d'un citoyen
" puisse exprimer. "

" Au progrès, s'écriait le citoyen William Phipps,
" au Libéralisme éclairé et à l'Opposition, non pas
" comme le croient certains esprits, à cette Op-
" position qui ne produit que le trouble et l'anar-
" chie, mais bien à l'Opposition franche et de bon-
" ne foi, qui veut avant tout la paix intérieure et
" la tranquilité publique, à l'Opposition qui désire
" sincèrement les améliorations et l'avancement du
" pays, à l'Opposition, sentinelle active et vigi-
" lante qui signale à tous les moindres abus, à
" l'Opposition enfin dont tous les désirs, tous les
" vœux, tous les efforts ne tendent qu'au bonheur
" et à l'instruction du peuple.*"

Ce fut pour l'Opposition une conquête précieuse que celle de la fière et intéressante cité du Sud-Ouest. Le Port-au-Prince, gagné à la cause de la liberté, venait d'élire sous les yeux du pouvoir, Dumai Lespinasse, Covin aîné et Emile Nau, tous trois du parti avancé, à la représentation nationale. Rien ne semblait devoir arrêter la marche des esprits sur la pente dangereuse où les avait jetés l'obstination insensée de Boyer. Moins d'un mois après le banquet de Jacmel, le 2 Avril, jour anniversaire de la naissance d'Alex. Pétion, les Jérémiens organisaient une nouvelle manifestation patriotique.

C'était la plus grandiose de la brillante série qu'on avait déjà vue : dans la soirée du jour, le buste de Pétion fut promené par les rues de la ville, illuminées à giorno, dans une apothéose superbe. Pour la première fois des femmes et des jeunes filles prirent part à la solennité. *

* Compte-rendu par Modé fils in le " Manifeste "
* Voir le compte-rendu in Dubois loc. cit. pages 50 et suivantes.

La pensée des Organisateurs n'était pas seulement de rendre un hommage éclatant à la sagesse politique de Pétion, mais aussi de frapper l'esprit public par le contraste qu'offrait cette sagesse avec l'aveuglement de son successeur.

C'était d'ailleurs un de leurs moyens constants d'opposer en toutes choses, les actes de Pétion à ceux de Boyer, on l'a vu en 1839 lors du conflit qui s'éleva entre celui-ci et la Chambre à propos de la confection des listes de candidats au Sénat.

Si cette étude avait pour but d'établir la responsabilité de Boyer devant la postérité à propos des évènements qui aboutirent à 1843-1844 au lieu de faire l'histoire même de ces évènements, on pourrait s'arrêter ici, car cette responsabilité écrasante ressort, avec la dernière évidence, du récit même des faits.

Ce Chef d'Etat ne s'opposa pas seulement à l'esprit d'innovation de son époque qui a pu comporter, dans une certaine mesure, un élément dangereux, comme cela se voit de tout temps et partout; c'eût été là une chose sans doute regrettable, mais nullement criminelle. Son crime envers la Patrie, ce fut d'avoir cherché, pour résister à cet esprit d'innovation et de progrès, et par des moyens hypocrites et raffinés, à détruire systématiquement la Constitution, d'avoir renouvelé coup sur coup, des actes qu'il savait funestes aux libertés publiques.

Il n'y a rien là de comparable à la violence brute, demi-barbare d'un Soulouque ou au despotisme éclairé, mais ostensiblement cruel d'un Christophe.

C'est pourquoi la mémoire de ce Chef restera éternellement entâchée : l'histoire ne pourra marquer aucune indulgence à son égard.

Il est bon de répéter, à cette occasion, que les droits et les garanties politiques ne sont pas un vain simulacre qu'on peut tourner avec un peu d'habileté et de ruse, ou violer brutalement ; ils sont essentiellement des conditions inséparables de tout état civilisé.

Boyer, instruit et élevé qu'il fut à l'école républicaine de Pétion, se trouve avoir été le fondateur de l'absolutisme présidentiel. Et son exemple a été fatal à la liberté.

On ne peut pas faire un crime à un homme d'Etat de s'être montré l'adversaire d'une idée nouvelle, parce que cette idée aura produit par la suite des conséquences heureuses qu'il n'était donné à personne d'apercevoir à l'instant où elle parut pour la première fois. L'autorité des traditions, le besoin de jouir en paix des droits acquis, la répugnance ou l'indifférence du grand nombre, expliquent quelquefois, en dehors de toute préférence raisonnée, la résistance opiniâtre que rencontre une doctrine nouvelle au sein d'une société polittque.

On comprend que l'homme d'Etat, qui a aussi la garde des droits acquis, le souci de tous les intérêts respectables, peut, de très bonne foi résister à certaines innovations, s'il n'aperçoit pas surtout, dans le moment, les fruits qu'elles pourront porter dans l'avenir. Cela est d'autant plus vrai que la plupart du temps, les novateurs eux-mêmes ne soupçonnent pas la portée des idées qu'ils annoncent. Tel ne fut pas le cas de Boyer.

Etait-ce le danger des innovations qu'il combattait en réalité chez les Opposants ? Le peut-on soutenir à sa décharge ? Il est vraiment difficile de l'admettre, car, redoutant les innovations, il eut cherché, s'il avait été sincère, tout en repoussant les nouveautés, à conserver néanmoins ce qui était acquis, et non à tout détruire avec cet esprit de suite que nous avons vu. D'ailleurs, il n'est pas vrai que tout fut dangereux dans les réformes réclamées par l'Opposition. *

* Consulter l'Adresse de la Chambre du 27 Avril 1838, Supra, page 33.

Mais poursuivons le récit des évènements. *

La nouvelle Chambre devait se réunir à la Capitale, le 4 Avril.

Quinze jours avant cette date, trois à quatre mille hommes sur le pied de guerre se trouvaient concentrés dans cette ville. Hérard-Dumesle et son collègue Laudun y arrivèrent le 31 Mars, à midi. Une nombreuse assistance les avait accompagnés des Cayes jusqu'au Petit Goâve ; et de Léogane, ils s'étaient rendus par mer à Port-au-Prince. Au débarcadère, un officier à la tête de quelques soldats intima l'ordre à Hérard-Dumesle de se rendre au Bureau de la Place. Aussitôt entourés par de nombreux citoyens, les deux Députés se dirigèrent, nonobstant cette invitation, vers la maison préparée pour les recevoir. *

Le lundi 4 Avril, la session ouverte, la Chambre était sur le point d'entamer la vérification des pouvoirs, lorsqu'elle fut brusquement consultée par le Doyen d'âge, président du Bureau provisoire, le député Lafortune, sur la question de savoir s'il fallait admettre les représentants éliminés par la précédente législature. La Majorité lui fit observer qu'aucune délibération ne pouvait avoir lieu avant la vérification des pouvoirs. Lafortune se retira incontinent de la Salle des séances, suivi de onze de ses collègues. Les vingt-cinq autres représentants dressèrent procès-verbal du fait et en avisèrent le Pouvoir Exécutif. Lafortune et ses onze collègues avaient été gagnés par le gouvernement, et, avant l'ouverture même de la session, ils avaient consenti à signer une protestation contre l'admission des Eliminés de 1839, laquelle avait été dressée chez le Secrétaire-général Inginac.

Le 5, ils publièrent cette protestation. *

A la séance suivante, le 6, des faits d'une gra-

* Le "Manifeste" No. du 10 Avril 1842.

* Voir à l'Appendice la pièce B

vité exceptionnelle eurent lieu. Nous n'en pouvons mieux donner le tableau qu'en transcrivant le récit à la fois détaillé et pathétique du " Manifeste ": " Le 6 de ce mois, à quatre heures de l'après-midi, " le Commandant de la Place s'était mis en possesion des clefs de la Chambre et le détachement " de garde y avait été renforcé. Les Députés si- " gnataires de la Protestation y étaient déjà réu- " nis. Les 28 membres de la majorité s'y présen- " tèrent individuellement; le représentant D. Bor- " no qui faisait l'office de Portier leur déclara " qu'ils ne seraient admis à la Chambre qu'à con- " dition qu'ils signassent la protestation; ils s'y " refusèrent et s'assemblèrent en la maison du re- " présentant Ponthieux d'où ils se rendirent *en* " *corps* à la Chambre. Arrivés à la porte cochère " qui y conduit, le Capitaine Elie, commandant " la garde de l'intérieur, leur dit très poliment: " *Messieurs, il vous est défendu d'entrer.* " Les re- " présentants répondirent: " *Savez-vous qui nous* " *sommes? Nous sommes les représentants de la* " *Nation. — C'est positivement, Messieurs, aux* " *représentants qu'il m'a été ordonné de refuser* " *l'entrée de la Chambre*, répliqua le Capitaine.

" Les Députés se retirèrent avec calme et gra- " vité; quelques voix du peuple crièrent: Vive la " liberté! Vive la Constitution! Vivent les re- " présentants du peuple!

" Ces exclamations causèrent dans le détachement " un petit mouvement. Les officiers tirèrent leurs " sabres; il y eut, dit-on, des ordres, de faire " feu que nous n'avons pas entendus. Le mouve- " ment du détachement n'ébranla en rien les repré- " sentants qui continuèrent avec calme et gravité.

" Les Députés se rendirent de nouveau en la " maison du représentant A. Ponthieux où ils ré- " digèrent une protestation contre ces faits et a- " dressèrent une lettre* au Président pour de-

Voir à l'Appendice les pièces C, D, E.

" mander l'éloignement de la force armée qui leur
" avait refusé l'accès de la Chambre. Il y eut
" pendant cette rédaction un petit mouvement vers
" le local où se dressait la protestation. Le déta-
" chement de la Chambre, envoyé pour le dissiper
" usa envers les jeunes gens de graves violences.
" Plusieurs faillirent être bayonnettés. Le citoyen
" Cajuste Louis qui tira son épée pour préser-
" ver un jeune homme d'un coup de baïonnette
" qui l'aurait éventré, fut conduit en prison;
" plusieurs arrestations eurent lieu. Nous souffrons
" de compter au nombre des arrêtés le jeune
" Heurtelou dont le patriotisme et le désir de la
" paix publique sont au dessus de toute épreuve.
" Il est maintenant au cachot. Mr. Henry Quez
" (sic), jeté dans le cachot des forçats faillit
" étouffer cette nuit. Le concierge touché de sa
" malheureuse position l'a placé ce matin dans
" un endroit plus aéré.

" L'ordre est maintenant rétabli. " *

Cette journée du 6 ne marqua pas toutefois la fin de la 6ème Législature. Soit qu'effrayé un moment des conséquences de son coup de main, soit que tous ses moyens ne fussent pas encore complètement en sa possession, le Pouvoir crut devoir user de ménagements, et la Chambre put se réunir trois jours après. Le 9, en effet, l'assemblée repoussa de nouveau la question de protestation contre l'admission des Eliminés et élut à la suite d'un ballottage entre Tassy et Laudun, le dernier, Président du Bureau définitif, et Emile Nau et Damié, secrétaires. Elle descendit en séance publique, et les Députés prêtèrent le serment constitutionnel sur le buste d'Alex. Pétion.

La Séance prit fin vers les trois heures de l'après-midi, et la prochaine réunion fut fixée au lundi 11 Avril, à sept heures du matin.

Il y eut une lueur d'espoir, un véritable sou-

* No du 10 Avril 1842.

lagement chez les esprits sensés qui voulaient le maintien de l'ordre en même temps que le respect des institutions. " Nous voilà, disait le " Manifeste ", dans la voie constitutionnelle, " pourquoi, grand Dieu, avec un peu d'efforts et " de condescendance mutuelle, n'essaierons-nous " pas d'y rester! Comme ce serait beau, comme " ce serait grand, comme cela brillerait dans " l'histoire, comme cela cimenterait la paix et " l'avenir ! "

C'était trop beau pour que cela pût durer: Boyer veillait. La faible lueur se dissipa bien vite et le ciel se couvrit de nouveau de gros nuages, portant cette fois dans leurs flancs les orages dévastateurs. Le 11, la Chambre était en séance lorsque l'officier de garde refusa de laisser pénétrer le représentant Dominique Benoit malgré l'invitation du Président Laudun. Celui-ci dut se retirer un instant pour adreser une lettre au Président de la République, dénonçant l'insubordination de cet officier. Cette correspondance terminée, le Président de la Chambre revint pour continuer la Séance et trouva le doyen d'âge Lafortune, le ci-devant président du bureau provisoire, installé à la présidence. Sommé de rendre le fauteuil à qui y avait droit, Lafortune refuse, secondé par un député Pierre Charles. Laudun insiste, aussitôt s'élèvent des cris, des vociférations, un tumulte épouvantable." *De la tête-z-à-mes pieds, je ne céderai pas la fauteuil*, riposte Lafortune, qui s'y cramponne de plus belle. A ce moment-là, de véritables clameurs partent de l'auditoire, qu'on avait eu soin de peupler d'énergumènes. Laudun se couvre, et un calme relatif se rétablit. Lafortune rend enfin le fauteuil; le Président veut continuer les travaux, on demande la sanction du dernier procès-verbal, aussitôt le tumulte de recommencer; force fut de renvoyer la séance.

Le lendemain, à six heures du matin, Laudun s'était rendu à la chambre; Lafortune qui l'y avait devancé s'était de nouveau installé au fauteuil de la Présidence. A huit heures, la majorité étant réunie, Laudun réclame le fauteuil ; là-dessus, les scènes scandaleuses de la veille se renouvellent: dans l'auditoire, on crie: ne cédez pas! ne cédez pas! Lafortune résiste, toujours secondé par le député Pierre Charles, qui se conduit comme un forcené. Laudun se retire de la salle des séances, suivi de la majorité des représentants. A midi, les Députés qui étaient restés, recommencèrent la vérification des pouvoirs, puis élirent un autre bureau, avec Tassy pour Président.

La Chambre, ainsi épurée, descendit en séance publique, renouvela, devant le buste d'Alexandre-Pétion, le serment d'observer la Constitution, et reprit ses travaux à huis-clos.

Après leur départ de l'assemblée, le 11 Avril, les membres de la majorité publièrent, une nouvelle protestation. *

A la séance du 13, le député Pierre Charles proposa d'annuler sans débats l'élection des députés Dumai Lespinasse, Covin aîné, Alexis Ponthieux, Dominiqne Benoît et Dorsainville Dautant. Le Président Tassy mit la proposition aux ovix. Ici se place, au moment du vote, un incident assez curieux: le député Richiez, sans doute un honnête homme timoré, à qui l'on faisait faire une besogne contraire à sa conscience, ne se lève qu'à demi.

" Voici un député, crie le Président Tassy, in-
" digné de tant de faiblesse, qui ne se prononce pas.
" Voyons donc, debout ou assis! pas de tièdes ici,
" prononcez-vous pour ou contre ". Devant cette sortie du Président, le malheureux Richiez se lève tout abattu, deux grosses larmes sur les joues.

Par suite de l'éloignement volontaire de plusieurs représentants, qui avaient préféré suivre leurs autres collègues plutôt que de siéger dans des

* Voir à l'Appendice, la pièce G

conditions aussi honteuses, la Chambre se trouva privée de vingt-huit de ses membres.

Voici les noms des principaux : Laudun, Hérard-Dumesle., Camille Lartigue, David St. Preux, E. Lochard, D. Dautant, A. Ponthieux, D. Benoit, D. Lespinasse, Covin aîné, Emile Nau, Ls. Normil Dubois, Déjoie, Lapaquerie, V. Mercier, Desrouillère, Tabuteau, Rinchère, Devimeux, élus pour les communes suivantes: Port-au-Prince, le Cap, Les Cayes, Gonaïves, St. Domingo, Petit-Trou, Dame-Marie, Port-Salut, Les Abricots, Petit-Goâve, Léogane, L'Anse-à-Veau, Jérémie, Aquin, Cavaillon et St. Marc. La proportion est de neuf pour le Sud, foyer principal de l'Opposition.

“ Ainsi donc, concluait le “ Manifeste”, a disparu “ de mort subite, la plus belle législature qu'ait “ jamais offerte le pays. Ego sum leo. ” *

Le 20 Avril, encore pleine de fureur contre les Opposants, la Chambre vota, malgré l'opposition du Député Bazin, des poursuites contre Dumai Lespinasse.

Elle voulut surtout le punir d'avoir jeté le ridicule sur le Doyen d'âge Lafortune, par le compte-rendu de la séance du 6 Avril publié dans le “ Manifeste. ”

Le 2 mai, s'ouvrit le procès à la suite duquel, le vaillant journaliste dut se retirer à l'étranger. Et la publication du “ Manifeste ” suspendue jusqu'au 29, fut reprise à cette dernière date et continuée par l'imprimeur T. Bouchereau.

Les députés chassés n'avaient pas tardé à s'éloigner de Port-au-Prince: la plupart de ceux du Sud, Laudun, Hérard-Dumesle, Mercier, Lapaquerie, Tabuteau, Lartigue, arrivés par mer à Miragoâne, y furent reçus au milieu des démonstrations enthousiastes. Plusieurs canots étaient

* No. du 17 avril 1842

allés au devant du bateau qui les portait. Dans l'après-midi de leur arrivée, un banquet fut improvisé en leur honneur. Ils quittèrent cette ville le lendemain, continuant par terre, escortés d'une brillante cavalcade.

C'était ainsi que l'opinion répondait aux tentatives absolutistes de Boyer. Son triomphe ne put être que de courte durée. Il crut sans doute avoir détruit définitivement l'Opposition, quand en somme il ne fit que renouveler la brutalité par laquelle il avait essayé par deux fois, en Août 1833 et en Octobre 1839, de se débarrasser des mêmes hommes que le pays persistait à lui imposer.

Mais les choses avaient pris cette fois des proportions si étendues, l'on eut tellement la conviction que l'absolutisme du Président n'aurait plus de bornes, que de toutes parts, on s'attendait à de graves événements.

Cette année 1842 fut pleine d'épreuves pour la nation. On était encore sous l'impression des tristes manœuvres qui venaient d'aboutir à l'anéantissement de la 6ème Législature, que le 7 Mai, un tremblement de terre sans précédent dans les Antilles détruisait de fond en comble la ville du Cap, après avoir ébranlé et ruiné le Port-de-Paix et presque tout le littoral nord et nord-ouest.

Au moment du désastre, on vit une chose inouïe: la nature n'avait pas achevé son œuvre de destruction et de colère sur la Métropole du Nord, que des êtres sortis on ne sait de quelles cavernes préhistoriques, se jetèrent sur le cadavre de la ville, achevant sa ruine par le pillage.

La catastrophe, accomplie dans de telles circonstances, produisit dans le pays entier une sensation extraordinaire. Des fonctionnaires, haut placés du gouvernement étaient accusés d'avoir pris part au pillage; et, ce qui contribuait à accréditer ces bruits, c'était que, malgré les sommations de l'opinion, le gouvernement n'osait pas ordonner des poursuites contre les pillards en général.

Il essayait plutôt de faire accroire que c'étaient là des choses toutes naturelles ; à quoi riposta un organe de l'Opposition : " Non, non, il n'est pas " vrai de dire que le vol, le pillage, l'assassinat " soient les suites nécessaires d'évènements aussi " déplorables.

" Non ! quand on se dit conservateur, on ne doit " pas trouver d'excuse au crime, et en appeler à " la Justice de Dieu, si l'on ne peut user de la " sévérité des lois. Vous disiez, il y a quelques " jours, que le Gouvernement était fort : c'était ici " le moment de prouver cette force, en protégeant " le malheur, en vengeant la société. Si vous ne " forcez pas les bandes qui se sont gorgées de pil- " lage à courber la tête devant la toute-puissance " de la loi, la loi ne sera plus qu'une lettre morte*. "

Comment comprendre en effet le silence et l'inaction du Gouvernement dans une conjoncture semblable, quand on sait que le pillage de la malheureuse cité, et au cours duquel, le Trésor public lui aussi fut rasé, dura quinze jours !

La peur des masses, l'idée de les contenir, de les endormir, ça été toujours la constante préoccupation du gouvernement de Boyer. Il ne voulut pas probablement faire leur procès, parce que, à part les fonctionnaires suspectés, c'étaient surtout les campagnards des environs du Cap qui avaient saccagé cette ville.

. La Session parlementaire s'était achevée dans la honte. Le " Manifeste " citait et complimentait toutefois les députés Bazin, Rosat, Guillaume César, Léger, Desrouillère, G. Manigat, Munnica, Castillane, Ximénès, Richiez, pour s'être montrés

Le " Patriote ", cité par Lepelletier de Saint Rémy, in Saint Domingue, Etude et Solution nouvelle de la question haïtienne, tome I. page 312.

indépendants parmi ceux qui ont continué à siéger après le départ des victimes du 9 Avril.

La situation financière de la république, si précaire depuis 1826, s'était aggravée. Le papier-monnaie du gouvernement perdait, par suite d'une dépréciation continue, jusqu'à deux tiers de sa valeur. On résolut d'opérer le retrait des billets de dix gourdes.

Le lecteur se rappelle qu'une loi, depuis 1835, exigeait le payement des droits de douane à l'importation en monnaie d'Espagne; il y eut un arrêt général des affaires, suscité par le ralentissement de l'Importation. Et, en même temps que le gouvernement encaissait les doublons d'Espagne destinés à la France, il n'avait pas cessé d'inonder le pays de papier-monnaie.

A la veille de la Révolution, Boyer marchait sans s'en douter, à une catastrophe financière. *

Au moment où fut décidé le retrait des billets de dix gourdes, le prix des denrées fléchit sur les marchés étrangers, et une hausse sensible des marchandises exotiques s'effectua pour rétablir l'équilibre dans les moyens d'échange. Et la situation se compliqua encore par la façon même dont le retrait s'opérait par le trésor : Le billet de dix gourdes valait, au taux d'émission, cinquante gourdes haïtiennes au doublon, et le trésor, quand il n'en ajournait pas le remboursement, ne le recevait qu'à celui de quarante gourdes au doublon, malgré les réclamations du Commerce de Port-au-Prince qui détenait ces billets. *

Le gouvernement suspendait le remboursement quand il le jugeait convenable, selon son encaisse d'or et les besoins du trésor, car, cet or était plus

* Sur la situation financière et économique de l'époque, on consultera avec fruit Lepelletier de Saint Rémy, op. cit. tome II, pp 195 et suivantes.

* Voir La Pétition des Négociants de Port-au-Prince, Supplément au tome VI des Lois et Actes, page 134.

spécialement affecté au payement des échéances dûes à la France (1). D'autre part, le remboursement n'avait pas toujours lieu en espèces métalliques. Le Trésor remettait aux Négociants qui étaient les principaux détenteurs des billets de dix, moitié de la valeur qu'ils y apportèrent en papier nouveau d'une et de deux gourdes, moitié en délégations sur la douâne pour le paiement de leurs droits d'importation. (2) Combinaison qui tendait à priver le gouvernement de toutes ressources à venir.

Pour combler la mesure, le Trésor dut rembourser une somme de $ 179 000 trouvée en plus dans la circulation sur la quantité de billets régulièrement émise par l'Administration (3).

Tel fut alors, à peu près dans son ensemble l'état économique et financièr du pays. La misère, causée par un système d'administration inintelligent et hautain à la fois, par un gouvernement routinier qui se croyait infaillible, se généralisa rapidement par des catastrophes naturelles qui s'y ajoutèrent comme à plaisir : les deux plus grandes villes de la République étaient ruinées, les Cayes, par l'incendie de 1839, trois ans auparavant; le Cap, par le tremblement de terre du 7 Mai. Le tour de Port-au-Prince arriva deux mois après. Le 9 Janvier 1843, un vaste incendie décima la Capitale, et du jour au lendemain, 4000 personnes se trouvèrent sans abri. Le Commerce de cette ville fut à peu prés complètement ruiné : le " Manifeste " évalua les pertes générales à seize millions de gourdes (4). Le manque d'eau constaté pendant le

1 Lepelletier de Saint Rémy. op. cit p. 199 tome II

2 Lepelletier de Saint Rémy, op. cit, tome II note au bas de la page 205.

3 Du 20 Mai 1827 au 30 Septembre 1839, disait une Note de la Secrétairie d'Etat du 12 Novembre 1842, il a été émis pour $ 2 196 000 de billets de dix gourdes et sur cette somme il a été retiré jusqu'au 10 Novembre 1842 pour 2 195 830. C'était donc 170 qui devaient se trouver dans la circulation.
Voir cette Note au Supplément au tome VI des Lois et Actes. pages 135 et 136.

4 No du 15 Janvier 1843

sinistre, irrita la population contre le gouvernement qui semblait jouer de malheur décidément.

Ainsi l'année, qui devait en marquer le terme, s'ouvrit sous le plus triste aspect pour le gouvernement de Boyer : " La fête de l'Indépendance, " constatait " le Manifeste ", a été bien sombre, " bien triste cette année. Aucun signe d'enthou-" siasme ne s'est manifesté ; partout le silence " morne, partout la froide indifférence ; ce qu'on " appelle le peuple, ce qui représente la masse et " qui d'ordinaire prend une part si active aux fêtes " publiques, si surtout une idée de liberté, d'In-" dépendance, de nationalité se trouve figurée " dans ces fêtes, a donné à peine signe de vie " dans cette grande journée ; on dirait qu'il n'eut " point existé. Le ciel lui-même avec ses nuages " amoncelés, avec son soleil à la couleur pâle et " livide, paraissait participer à cette tristesse qui " se faisait remarquer et dans les hommes et dans " les choses *. "

Un grand silence s'était fait dans le pays, comme on voit parfois sur l'Océan un calme profond précéder immédiatement la plus furieuse des tempêtes.

Celle qui devait balayer le gouvernement de Boyer, s'était déjà lentement amassée sur les flancs de la presqu'île du Sud.

* No du 8 Janvier 1843

CHAPITRE IV

CHAPITRE IV

LE CAMPEMENT DE PRASLIN.
LA RÉVOLUTION OUVERTE.
ADHÉSION DU GÉNÉRAL LAZARE. JÉRÉMIE SE SOULÈVE

Le mercredi 25 Janvier 1843, le Commandant d'Artillerie Rivière Hérard se trouvait chez lui, sur l'habitation Praslin, dans la plaine de Torbeck. Et comme on parlait à ce moment-là fortement de son arrestation et de celle de ses principaux amis ou affidés, il jugea prudent de ne pas rentrer aux Cayes.

Depuis quelques jours, l'agitation y était grande et les autorités, sur le qui-vive; " on disait qu'une " révolution allait éclater en Haïti et que le foyer " en était aux Cayes où se trouvaient les princi- " paux chefs et d'où devait partir la première im- " pulsion ; que le 1er Janvier était le jour fixé " pour l'éxécution de ce projet. Rien n'ayant eu " lieu ce jour-là, on prit des précautions et l'auto- " rité se mit sur ses gardes, car il était bruit que " les chefs et les auteurs de la Conspiration a- " vaient la pensée de s'emparer de nuit de l'Arsenal, " du Trésor. de la Poudrière, des forts, du Bu- " reau de la Place, en même temps qu'ils se ren- " draient maîtres du général Borgella, Comman- " dant de l'arrondissement des Cayes, afin de " l'inviter à se placer à la tête de la Révolution, " et, en cas de refus de sa part, de prendre un " parti quelconque à son égard *. "

Le 27, des paysans venus de la plaine affirmaient

Journal des évènements survenus Aux Cayes pendant la dernière Révolution, tenus par Charles ANDRE, directeur de l'Imp. nationale des Cayes.

que le Commandant Rivière allait marcher contre la ville pour s'en emparer à la faveur de la nuit. On le disait déjà dans les environs de " Coquette." *

La garnison est sur le pied de guerre ; des avant-postes sont aussitôt placés et les canons braqués dans les diverses routes qui conduisent de la campagne en ville. Ces nouvelles étaient manifestement exagérées : Rivière n'avait pas encore bougé de la Sucrerie Praslin. Tout se borna donc à ces dispositions de défense prises par l'autorité. Cependant, dans la soirée, Merveilleux Hérard, Louis Jacques et Caylus Barbot furent arrêtés.

Le lendemain, les plus compromis ou les plus décidés des amis de Rivière, Laudun, Bédouet, L. R. Lhérisson, Lucien Adam, Pilorges, Stanislas, Gédéon et plusieurs autres se rendirent à Praslin où se trouvaient déjà Hérard-Dumesle, Ogé Longuefosse, Bélus Ledoux, Désir Philippe, Delvincourt etc. Dans l'après-midi, Geffrard joignit les précédents. Ce fut dès lors un long et interminable exode de la ville vers la plaine : tous ceux qui s'étaient engagés dans l'affaire se rendirent sans déguisement, avec plutôt une visible ostentation auprès de Rivière, dont ils ne cessèrent de grossir les rangs. Ils avaient été frappés de l'attitude des troupes et de l'irrésolution des gardes nationaux sur lesquels ils comptaient tout d'abord pour se rendre maîtres de la ville. De là, leur décision de gagner le lieu même du Campement. Tout cela se passait le samedi 28. Or, depuis trois jours, on n'en pouvait plus douter, le Campement était effectif. Le Colonel Augustin Cyprien, Commandant de la Commune de Torbeck, était venu en personne, le mercredi 25, demander au général Borgella l'ordre d'arrêter Rivière et ceux qui se trouvaient avec lui ce jour-là à Praslin. Borgella lui refusa cet ordre en s'appuyant sur

* Habitation située à une lieue des Cayes.

l'absence de flagrant délit.*

La vraie raison était que Borgella voulut éviter l'effusion du sang en laissant le temps aux insurgés de se disperser, car le délit était flagrant, depuis l'avant-veille, où Rivière eut écrit au colonel Colin du 17e Régiment pour essayer de l'entraîner dans le mouvement.

Dès qu'il se vit entouré d'un bon contingent d'hommes, le Chef d'Exécution dépêcha Bélus Ledoux au général Borgella, avec mission de lui faire l'exposé des griefs du peuple haïtien contre le gouvernement du Président Boyer et de lui montrer l'imminence de la Révolution sur tous les points du pays. Par son envoyé, Rivière engage le vieux général à se mettre " à la tête de " la Nation qui veut presque généralement " l'a- " bolition de la Constitution de 1816 et la dé- " possession du chef du pouvoir exécutif, con- " sidéré comme l'auteur de tous les maux du " pays et devenu entièrement incorrigible. " Il demande en outre une entrevue au général afin de lui communiquer le Manifeste ou Appel des citoyens des Cayes, contenant l'exposé des griefs, des motifs et du but de la Révolution. Voici ce que rapporte, à cette occasion, un témoin oculaire : " les colonels de la garnison et moi nous " fûmes appelés à en prendre connaissance; (de " la lettre de Rivière) l'avis fut unanime qu'au- " cune réponse ne dût y être faite. Comment en " effet concevoir qu'un général et des colonels vou- " lussent consentir à changer subitement de rôle " en obéissant ainsi à un chef de bataillon na- " guères sous leurs ordres? C'était peu connaître " les susceptibilités militaires. Si encore, Dumesle " avait eu le titre de Chef d'Exécution ou tout " autre, et qu'une connaissance immédiate du Ma- " nifeste eut été donnée, alors peut-être, il y

* A ces mots de flagrant délit qui durent sonner étrangement aux oreilles du vieux colonel, la tradition rapporte qu'il répartit à Borgella: " mon général, pas pitôt arrété déli pendant li-pitit ! — Si délit vinit grand, la va peut être trop tard."

" eut eu de l'hésitation dans l'esprit des officiers " supérieurs, tant la pensée révolutionnaire ger- " mait dans les têtes.... Dans tous les cas, le " colonel Cazeau trancha vite la question par ces " mots : jamais je n'obéirai à Rivière." Et le " colonel Toureaux alla plus loin encore *". Le bruit courait avec persistance que les insurgés voulaient s'emparer de la ville. Les esprits étaient au comble de l'agitation ; les militaires surtout, très surexcités par la tournure que les choses commençaient à prendre.

Au sortir de chez Borgella, les chefs des divers corps firent battre le rappel, et deux chefs de bataillon, ayant rencontré les batteries, firent à leur tour battre "*la générale*". L'agitation devient extrême dans toute la ville: les femmes, qui depuis trois jours passaient la nuit blanche, prises de panique, font en hâte leurs paquets; les commerçants embarquent leur argent et leurs livres sur les navires en rade, tandis que de toutes parts les citoyens armés se rendent au Bureau de l'Arrondissement. Là, Durcé Armand prit la parole, déclarant que l'opinion publique appelait le général Borgella à la tête du mouvement et que le général devait accepter ce rôle. Sa voix ne trouva pas d'écho *.

Les événements sont vivement commentés: les uns approuvent l'attitude de Borgella, désapprouvée d'autre part. Les premiers disent qu'il doit prévenir le mal, les seconds désirent le voir se porter plutôt comme intermédiaire entre les Révolutionnaires et le gouvernement pour obtenir le redressement des griefs articulés contre le dernier. Les prudents se taisent.

On se montre en général très hostile à l'endroit de l'Administrateur des Finances, Céligni Ardouin,

* Céligni Ardouin, Lettre à l'Editeur du Manifeste No. du 6 Octobre 1844.

* journal des événements etc déjà cité.

ami et conseiller de Borgella, et placé, croit-on, au près du vieux général par Boyer lui-même. Ardouin est le bouc émissaire, chargé de toutes les malédictions. Il est accusé de conseiller des mesures de rigueur contre les insurgés. Il était, à la vérité, depuis assez longtemps l'ennemi personnel des principaux meneurs et suivait de très près leur travail. Peut-être tenait-il aussi Boyer au courant.

Borgella qui attendait des renforts de l'arrondissement d'Aquin, ne voulant pas sans doute dégarnir la place, ne lança pas de troupes ce jour-là encore contre " Praslin ". On venait d'apprendre l'arrivée du général Solages à Cavaillon, à la tête du 15e. Etienne Berret et Farjas Laporte vont à sa rencontre. L'autorité, continuant ses mesures de défense, Tuffet fut arrêté dans l'après-midi, et Thomas Presse, le lendemain, à huit heures du matin. C'était le dimanche 29. L'agitation, toujours vive, continuait; " toujours crainte d'une attaque, grandes appréhensions d'incendie et de pillage ".* Borgella prend enfin un arrêté par lequel le commandant Rivière Hérard est " déclaré traitre à la Patrie "

Le colonel Cazeau se dispose, par ses ordres, à marcher contre Praslin, à la tête de deux cents hommes; et à peine était-il arrivé hors de l'enceinte de la ville qu'il rebrousse chemin; on expliquait ce mouvement par l'avis parvenu à Borgella que cette force était insuffisante pour combattre avantageusement les Insurgés.

Or, on sait depuis que le nombre d'hommes qui se trouvait à Praslin était précisement deux cents. C'est ce groupe qui a été appelé le " bataillon sacré de Praslin. " il semble évident que, par toutes ces marches et contre-marches, le vieux Borgella qui tenait par tant de liens à la bourgeoisie Cayenne, voulait laisser le temps

* Journal des évènements etc déja cité.

aux Insurgés ou de se disperser ou de s'en aller ailleurs, pour n'avoir pas à répandre du sang.

L'attitude de Borgella a été diversement appréciée dans la suite. On lui a souvent reproché sa mansuétude envers les Révolutionnaires. Il semble qu'il eut dû, en effet, se montrer plus sévère en paralysant le mouvement dès l'origine, ou plus résolu en acceptant l'offre que lui fit faire Rivière par Bélus Ledoux. Ce qui n'a pas été suffisamment dit, c'était que, ce général qui se trouvait à la tête de l'arrondissement des Cayes depuis 1833, savait parfaitement la situation des choses dans cette localité. Il savait que si le gouvernement de Boyer y était impopulaire, les hommes qui avaient entrepris la Révolution, étaient bien loin d'avoir toute la population derrière eux. Et si d'autre part, il ne pouvait trahir son devoir comme soldat, il n'était pas moins persuadé que tout n'était pas pour le mieux sous ce gouvernement, pour avoir été témoin des actes despotiques du successeur d'Alexandre Pétion.

Ainsi, le samedi 28, le jour même où Rivière envoya Bélus Ledoux en mission auprès de lui, il avait passé la revue de la garnison. Après avoir harangué les troupes qui se montrèrent pleines d'enthousiasme, le vieux général avait crié : " vive le Président !" Ce cri avait été à peine répété par les soldats. Rentré chez lui, il en fit la remarque à ses amis en leur disant avec un découragement visible: *quoi qu'il puisse arriver, je resterai fidèle á mon poste.*

Au surplus, voici comment le témoin oculaire qui rapporte cette particularité, apprécie la conduite de Borgella dans ces graves conjonctures: " Le " général Borgella n'ignorait point la conspiration; " à chaque phase, il en avisait le chef de l'Etat, " mais il lui manquait de preuves juridiques pour " en saisir les tribunaux ... On a souvent dit que " le général Borgella pouvait faire arrêter les con- " jurés sans les livrer aux tribunaux. D'abord,

" l'arbitraire n'était pas dans les habitudes de ce
" vétéran de toutes nos gloires, et ensuite l'ordre
" explicite de son chef le lui prohibait. Et d'ail-
" leurs, était-ce rationnel d'agir arbitrairement,
" alors qu'un gouvernement régulier existait et que
" les attaques qui lui étaient dirigées lui repro-
" chaient de l'arbitraire? Mais alors, dit-on, pour-
" quoi le général Borgella n'a-t-il pas fait ser-
" vir l'influence de sa position au triomphe de la
" Révolution? Pour adresser un semblable reproche
" au général Borgella, il faudrait qu'on l'eût sup-
" posé susceptible de pouvoir transiger avec l'hon-
" neur. Les rudes épreuves de 1810-1812 lui avai-
" ent appris à ne pas arriver à ces capitulations
" de conscience qui toujours, oui toujours, laissent
" après des regrets trop profonds. Mais le général
" n'avait-il pas ses convictions politiques, résultant
" de son expérience des hommes et des choses,
" qui devaient lui faire penser qu'une révolution
" telle que celle qui éclatait et *dirigée surtout par*
" *ceux-là qui alors avaient la confiance populaire*,
" pourrait mettre en péril le principe de notre
" unité nationale? L'un de ses ordres du jour le
" disait explicitement.*"

Le lundi 30, le gant était jeté. Le colonel Cazeau sortit de la ville à la tête des 13e demi-brigades et un bataillon de la garde nationale de Torbeck, en marche contre " Praslin ". Solages entrait alors avec la 15e, suivi bientôt d'un fort contingent des gardes nationales de l'arrondissement d'Aquin. On disait ces corps gagnés à la cause révolutionnaire: ils eurent pourtant la garde de la ville avec le bataillon d'Artillerie dont Rivière était le chef.

Devant cette démonstration de l'autorité, les Révolutionnaires renoncèrent à toute tentative contre les Cayes, et lorsqu'à la tombée du soir, la colonne de Cazeau parvint à Praslin, après avoir ouvert le feu sur la Sucrerie, les soldats ne trouvèrent dans la place que la femme

1 Céligni Ardouin, Lettre à l'Editeur du " Manifeste, " déja citée

du commandant Rivière, Guillonnette Guillot, avec laquelle ils fraternisèrent comme si de rien n'était. Elle leur donna à manger et à boire.

Les Révolutionnaires avaient quitté Praslin après avoir tenté sans succès d'entraîner la garde nationale du Camp-Périn et la Commune de Port-Salut où commandait Labossière.

Sur ces entrefaites, en ville, on arrêtait Labastille, Castel, Barjon fils, Durcé Armand, Layet etc.

Les fuyards de Praslin atteignirent les Anglais d'où ils se dirigèrent vers l'arrondissement de l'Anse d'Hainault, après avoir levé une importante contribution en hommes et en argent.

Contrairement à la tradition qui veut qu'ils aient trompé le général Lazarre en le persuadant que les Cayes était déjà en armes, la vérité est que, dès le 31 janvier, informé du Campement de Praslin, Lazarre qui avait promis de coopérer à la Révolution, avait pris ses dispositions pour la proclamer dans son commandement

D'un autre côté, des Anglais étant, Rivière avait lancé plusieurs lettres tant à ses amis de l'Anse d'Hainault qu'à ceux de Jérémie, notamment au député Lapagerie qui donna connaissance au général Lazarre de la présence des Révolutionnaires dans l'arrondissement des Côteaux. Au surplus, les Jérémiens qui avaient été avisés, vers le 30 Janvier, de la prise d'armes de Praslin, et qui devaient y répondre, comme on le verra dans un instant, avaient dépêché deux des leurs auprès du général, pour le presser de se prononcer. Mais avant de continuer le récit de ces événements, un coup d'œil en arrière s'impose ici.

La soudaineté apparente avec laquelle la Révolution venait de s'inaugurer n'avait surpris personne. Le pays tout entier, comme le pouvoir lui-même, s'y attendait et savait que le foyer principal en était

Aux Cayes. Les causes du mouvement, nous n'avons pas à y revenir, les ayant déjà indiquées tout au long dans les trois premiers chapitres de de cet ouvrage. Il nous reste maintenant à montrer comment la Révolution a été organisée par ceux qui en ont été les promoteurs.

Au lendemain du coup d'État d'Avril 1842 par lequel Boyer chassa de la chambre les Opposants qui y étaient retournés en nombre à la suite des élections de la même année, il se forma Aux Cayes, dans le courant du mois d'Août, et sous l'action d'Hérard-Dumesle, une association secrète du nom de " Société des droits de l'homme et du citoyen. " pour travailler au renversement du gouvernement.

Un Manifeste * rédigé par Lhérisson, Laudun et Thomas Presse, courut les principales villes de la République jusqu'à St. Domingo, et revint bientôt couvert d'adhésions. Cette pièce fut apportée à Jérémie, autre foyer de l'Opposition, par le citoyen Donat. On a déjà vu que cette ville avait saisi toutes les occasions de témoigner sa désaffection au gouvernement de Boyer. Là, douze des plus influents parmi les Opposants en reçurent communication. C'étaient Honoré Féry, Margron, Blanchet, Wilson Phipps, François Hilaire Boucher, Fouchard, Louis Honoré Chassagne fils, Antoine Laforest, Philibert Laraque, Numa Paret, Réné Isaac, François Hippolyte. Une Société, sur le modèle de celle des Cayes, fut organisée et se mit à l'œuvre révolutionnaire; et des rapports continuels, mais clandestins s'établirent dès lors entre les deux villes. Il fut néanmoins convenu de laisser l'initiative du mouvement à la première, à cause de sa position géographique, de l'importance de ses ressources et de sa population. Quand les " Patriotes " eurent achevé dans ces deux centres, de travailler l'esprit des populations ur-

* Voir à l'Appendice, la pièce

baines et rurales, Rivière Hérard et Numa Paret se rendirent à l'Anse d'Hainault et gagnèrent définitivement Lazarre à la cause révolutionnaire (décembre 1842.)

Peu après, le comité de Jérémie envoya un de ses membres, Wilson Phipps aux Cayes pour informer les Révolutionnaires de cette ville de la sympathie générale qui existait à Jérémie en faveur de la Révolution, et pour s'entendre sur les dernières mesures à prendre, afin de hâter le mouvement. A peine sa mission fut-elle connue, qu'une réunion fut provoquée chez Bedouet, aux Quatre-Chemins, et à laquelle assistèrent Laudun, Thomas Presse, Armand, St. Remy, Ledoux, Hérard-Dumesle, Désir Philippe, Geffrard et quelques autres. La société secrète fut dissoute et un comité d'Exécution institué avec Rivière Hérard pour Président et Armand, Secrétaire. Wilson Phipps passa onze jours dans notre ville, au cours desquels les révolutionnaires continuèrent à se réunir régulièrement tantôt chez Bedouet, tantôt chez Thòmas Presse, quelquefois à "Praslin."

On fixa la levée de boucliers au 27 Février 1843. Au départ de Wilson Phipps, qui eut lieu à la mi-janvier, une dizaine de jours avant le campement de Praslin, le commandant Rivière, Président du comité d'Exécution, lui remit à l'adresse d'Honoré Féry, Président du comité de Jérémie, la lettre suivante:

15 Janvier 1843.

Mon digne et estimable concitoyen,

J'ai reçu avec une joie inexprimable votre lettre; si nous ne sommes pas communiqués directement, nos cœurs se sont entendus. Vos communications avec Dumesle m'étaient connues, et vous savez combien de liens m'unissent à lui; et Rigaud notre parent et ami, vous estime tant, que si votre mérite particulier m'était inconnu, ces témoignages si chers à mes affections m'eussent fait rechercher votre amitié, mais je savais que vous me l'accordiez d'avance.

Le radical Wilson Phipps vous dira ce qu'il a vu; il vous dira quels furent mes efforts pour remonter les esprits. Dumesle est inébranlable, mais il a éprouvé un moment de dégoût; son ardeur s'est ranimée plus que jamais et peut-être que ce n'est qu'à l'impression du moment qu'il faut attribuer les reproches qu'il a mérités. Je ne le justifie pas; un homme comme lui devait être plus pénétrant. Désormais si vous envoyez quelqu'un auprès de nous, qu'il descende chez moi et non ailleurs.

Je suis persuadé, mon concitoyen, que nous nous entendons ; je recommande à vous, au Giron de Jérémie aussi bien qu'au Colonel Laraque, de veiller par-dessus tout à ce que aucun cultivateur ne s'introduise dans les rangs de la garde nationale qui ne doit être composée que de propriétaires, fils de propriétaires, fermiers, sous-fermiers, etc. Le porteur est chargé de bien des choses pour vous.

Tout à vous de cœur,

HERARD AINE.

Mais, par suite de l'éveil que les allées et venues incessantes des opposants et le séjour de W. Phipps avaient fini par donner aux autorités, force leur fut de préciter les choses, pour éviter les arrestations préventives dont ils eussent pu être l'objet. L'époque fut ramenée à un mois; le 27 Janvier devient ainsi la date fatale pour les Cayes et le 31, pour Jérémie.

Or, le 27 Janvier, au jour convenu, le Campement de Praslin était un fait, nous venons de le voir. Rivière annonçait, à cette date, sa marche contre les Cayes, au Comité de Jérémie, et le pressait de répondre au mouvement en soulevant cette dernière ville. Fidèles à leurs promesse, le 31, les Jérémiens, au nombre cent cinquante, armés et la plupart à cheval, se réunirent dans la maison de Numa Paret. Là, ils envoyèrent deux d'entre eux auprès de Lazarre à l'Anse d'Hainault, qui se mit en armes, tandis que, de leur côté, dès le lendemain, ils se rendaient maîtres de la ville.

En un clin d'œil, en effet, le Bureau de l'arrondissement fut enlevé; le colonel Philibert Laraque, à la tête de la garde nationale, s'empara de l'Arsenal et de là, se transporta, avec deux pièces de canon sur la place d'Armes. Le Commandant de l'arrondissement, le général Segretier, fait prisonnier, adhéra à la Révolution.

Deux jours après, le 3 Février, Lazarre entrait à Jérémie au milieu d'un enthousiasme indescriptible; Rivière Hérard qui se trouvait alors à l'Anse d'Hainault, vint l'y joindre le 5.

L'arrondissement de la Grand'Anse devint le boulevard de la Révolution.

CHAPITRE V

CHAPITRE V

La Révolution dans la Grand'Anse

Combats livrés entre " L'Armée populaire " et les troupes du Gouvernement a " Lessieur " et au " Numéro deux."

Avantages remportés par les Révolutionnaires.

La Révolution maitresse du Sud. — Le triomphe.

Réveillé tout-à-coup comme d'un profond sommel, Boyer lança, pour répondre à l'insurrection, sa proclamation du 2 Février. C'était la première fois, depuis vingt-cinq années qu'il régnait sur la Nation, qu'il se trouvait en présence d'un péril sérieux pour son gouvernement.

Allait-il pouvoir se défendre avec cette même activité et cette même énergie qu'il a consacrées jusqu'ici à détruire les Institutions de son pays et à repousser sans examen toutes les idées d'amélioration et de réforme?

Sa première pensée fut d'organiser une sorte de cordon sanitaire au tour du Département de l'Ouest; le silence le plus rigoureux fut imposé aux journaux de la Capitale sur les événements du Sud. Pour ce qui avait trait à la répression du mouvement, il s'en remit à l'action personnelle de Borgella, se contentant de faire passer dans le Sud des approvisionnements, quelques troupes et des officiers supérieurs de la Garde pour guerroyer sous les ordres du Commandant de l'arrondissement des Cayes.

De même qu'il n'avait rien su prévoir, l'étendue du danger lui échappa complètement. Il semble qu'il s'était séquestré du reste du pays, car il n'eut pas la moindre idée du dégré de désaffection où était tombé son gouvernement dans toutes les classes sociales. Mais les événements ne devaient pas tarder à lui faire mesurer la profondeur du gouffre où il allait s'engloutir à si bref délai.

Les troupes que nous avons vues sortir des Cayes avec Cazeau, ayant trouvé Praslin désert, s'élancèrent à la poursuite des Révolutionnaires. Le 6 Février, elles arrivèrent à l'Anse-d'Hainault d'où Lazare et Rivière étaient partis successivement pour se concentrer à Jérémie. Ce ne fut donc qu'en apprenant la marche de Cazeau, sa direction vers la grand'Anse, que " l'Armée populaire " sortit de Jérémie. Le 9, elle atteignit les troupes du gouvernement à l'Anse-d'Haunault. " Les Patriotes ", Lazare en tête, mirent tous les ressorts en œuvre pour essayer de gagner à la cause révolutionnaire Cazeau et sa petite armée ; ce fut en vain: Le vieux colonel resta sourd à leur voix; mais il tomba d'accord avec Lazare pour abandonner la place. Il rétrograda jusqu'aux Irois. Rivière conçut alors l'idée de poursuivre cette armée, de la surprendre par une marche rapide et de la porter à se rendre. Il réussit en partie dans son projet: il surprit Cazeau à Tiburon et lui enleva beaucoup d'hommes, de fusils et de munitions. Mais loin de revenir sur ses pas pour faire face à l'Armée populaire, Cazeau continua sa marche rétrograde jusqu'aux Anglais où il se cantonna.

Pendant que " l'Armée populaire " remportait presque sans coup férir ces avantages à Tiburon, l'arrondissement de Jérémie était menacé par une autre armée qui se dirigeait sur Pestel et une forte colonne qui venait par la route des Plymouths. Geffrard, de Jérémie où il était resté, se porta en toute hâte, à la tête de quelques forces vers la Rivière Glace, afin d'arrêter cette colonne qui était commandée par le colonel Désiré. De son côté, l'Armée populaire dut quitter l'Anse d'Hainault pour voler au secours du point menacé. Elle arriva à temps pour couvrir le bourg de Pestel où le danger avait été signalé. A la suite d'un combat d'avant-garde, livré le 21 février au carrefour "Espère", et où tomba le colonel Lamarre qui venait de remplacer le général Mérault à la tête de l'armée du gouvernement, Rivière Hérard entra à " Lessieur " où il surprit le gros de cette armée. Déja démoralisée par la mort de son chef, elle se laissa rallier sans difficulté à l'Armée populaire. Lazare, qui s'était porté au carrefour Thomas avec sa division pour barrer le passage à la colonne qui devait déboucher par les Plymouths, se rendit aussi à Lessieur, après qu'il eut appris avec certitude la marche rétrograde opérée par le colonel Désiré.

A l'arrivée de Lazare, Rivière toujours hardi, quitta Lessieur pour le Fond-Palmiste, avec l'intention de rallier d'autres troupes qui y étaient cantonnées, et destinées à renforcer l'armée de Lamarre. Il occupa sucessivement les Baradères et le Petit-Trou. Le 25 février, par un nouveau coup d'audace, il surprit l'Anse-à-veau où il pénétra. La plupart des Régiments de l'Ouest qui se trouvaient dans cette ville, et que Boyer y avait envoyés sous le commandement de Lacroix, du chef de l'Etat-major général Bazelais et de Faubert, firent défection en faveur de l'Armée populaire. Bazelais, gendre du Président, se réussit à se sauver ainsi que Faubert, tandis que le général Lacroix fut fait prisonnier. Ce fut de là que le chef d'Exécution, après avoir rallié le reste des troupes du gouvernement à la Petite-Rivière, il alla, avec quatre mille hommes, occuper le Pont-de-Miragoâne.

L'affaire de Lessieur était à peine terminée, que la division de Lazare fut appelée en toute hâte au secours de Jérémie : l'armée de Cazeau, réorganisée et considérablement augmentée, avait envahi de nouveau l'arrondissement de Tiburon, sous les ordres cette fois de J. B. Riché. Le commandement passa à Solages, et Riché retourna aux Cayes d'où il alla occuper le Camp-Périn. Cette armée, forte de deux mille cinq cents hommes, se dirigeait à pas précipités au cœur même de la Révolution, où elle semblait porter la mort. Le danger était pressant, car les Abricots étaient déjà tombés en son pouvoir. Arrêtée un instant à la Ravine des Sables par une poignée de braves, elle s'avançait toujours et venait d'atteindre le Numéro Deux, bourg distant à peine de trois lieues de Jérémie. Lazare était arrivé seulement la veille avec sa division. Le lendemain, 25 février, le canon d'alarme retentit, appelant les citoyens sous les armes ; à midi, l'Armée populaire sort de la ville au milieu d'une émotion profonde ; c'était une superbe journée : le ciel était pur, le soleil éclatant. La Nature impassible, drapée dans son éblouissante royauté, semblait ne rien pressentir du drame sanglant dont son vaste sein allait être le théâtre.

Il est trois heures, les deux armées sont en présence. Solages, qui commande celle du gouvernement, s'avance au milieu des siens ; il parle à l' Armée populaire. On parlemente un instant sans succès. Lazare, pendant cet intervalle, envoie couper la retraite de l'ennemi par une forte colonne, et ordonne la charge au moment précis où Solages fait exécuter un mouvement de recul à son armée. Les troupes du gouvernement opposent sur-le-champ un front épais et un feu nourri à l'Armée populaire. Celle-ci plie sous le choc ; Lazare, sabre au clair, la ramène au feu ; la mêlée devient furieuse ; à ce moment, Cazeau, atteint mortellement, tombe de cheval, et l'armée du gouvernement, attaquée subitement sur ses derrières par la colonne détachée, fuit en désordre.

La nuit était venue. Deux cents cadavres, tombés de part et d'autre, jonchaient le champ de bataille. Le lendemain, une forte partie de l'armée vaincue, environ six cents hommes, vint se soumettre à Lazare.

Le péril avait été redoutable ce jour-là ; car la ville de Jéremie enlevée , c'eut été la perte assurée de la Révolution , quand les Cayes tenaient encore pour Boyer.

Lazare regagna la ville pour faire prendre du repos à ses troupes , avant d'ordonner la marche sur les Cayes dont la route était désormais ouverte.

Entre temps , Rivière que nous avons laissé au Pont à la tête de la 2e division de l'Armée populaire, avait lancé 1500 hommes dans l'arrondissement de Léogane où la Révolution était reçue, puis , revenant en arrière, s'était dirigé sur Aquin où il établissait son quartier-général le 5 mars. Aux Cayes , les inquiétudes étaient des plus vives , mais les sympathies ne manquaient pas pour la Révolution qui y était née. Chaque famille avait quelqu'un des siens dans les rangs de l'Armée populaire , et plusieurs attendaient de la considération et de la fortune du triomphe de la Révolution. Cependant on ne redoutait pas moins l'effusion du sang. Le 4 , la population avait fait une adresse solennelle, très habilement rédigée au général Borgella , par laquelle elle lui rendait justice à propos des bons procédés dont ce général a constamment usé à l'égard de ses administrés, et l'engageait en même temps à éviter un choc avec l'Armée populaire. Deux jours après la réception de cet acte , Borgella réunit les chefs de la garnison et leur donna " connaissance de la situation " ; ils opinent tous qu'ils faut éviter de verser inutilement du sang haïtien et s'en remettent à sa sagesse pour faire la paix avec l'armée qui s'avance. * Le 8 , après avoir pris connaissance du "Manifeste contenant les réclamations du peuple" , Borgella déclara l'accepter , et proposa aux chefs de l'Armée populaire " une fusion. un renouvellement de fraternité " aux conditions suivantes : " respect pour les propriétés

* Voir à l'Appendice la pièce I

" et les personnes ; que nulle vengeance ne soit
" faite au profit des haines particulières ; que per-
" sonne ne soit recherché ni incriminé pour ce qu'il
" a dit ou écrit durant ou avant ces temps de
" troubles ; que chacun conserve son libre arbitre,
" c'est-à-dire la faculté de prendre part aux évé-
" nements ou de se retirer ; enfin que toutes les
" troupes de l'Ouest qui sont actuellement en ville
" s'en retournent dans leurs foyers ".

Ces propositions furent apportées à l'Armée populaire par le colonel Chardavoine, assisté des citoyens Salomon pére, Daublas et Barjon père, Envoyés de la ville. Le Chef d'Exécution les décacheta sur l'habitation " Bergeaud " où il avait fait halte pour attendre les résolutions de Borgella. Il promit d'y répondre le lendemain ; l'Armée populaire s'avança dans l'intervalle jusqu'aux Quatre-Chemins. Le 9, entre sept et huit heures du soir, le colonel Toureaux, ne pouvant se résigner à obéir à Rivière, son subordonné de la veille, faisait sauter l'Arsenal. Sans les précautions prises par Borgella qui avait fait enlever la plus grande partie des poudres, la ville eut été fortement endommagée; quelques maisons seulement furent ou consumées par les flammes ou renversées par le choc. Le lendemain, l'Armée populaire y entrait tambours battants, enseignes déployées. Le Chef d'Exécution prit un Arrêté par lequel il déclara Boyer déchu de l'office de Président d'Haïti, et Inginac, les deux frères Ardouin, Borgella, J. B. Riché etc, " mis en accusation comme complices du Président et traitres à la Patrie " ; par un autre Arrêté en date du 12, il ordonna le séquestre des biens de Toureaux " au profit des familles victimes de l'acte du 9 mars ". Le 16, Rivière se remit en marche pour le Port-au-Prince.

Boyer s'était embarqué depuis le 13 au soir, pour l'Etranger. La dernière armée du Président avait été défaite la veille, au Mapou-Dampuce, près de Léogane, par l'avant-garde de l'Armée populaire, commandée par le colonel Pierre-Paul. Ce fut surtout la Garde Nationale de Jacmel, commandée par le colonel Modé, qui eut les honneurs de cette journée, la dernière de la Révolution.

Le matin du 13, après avoir inspecté la ligne des remparts qui entouraient la Capitale, Boyer était rentré, parait-il, découragé au Palais ; sur son passage, les femmes du peuple avaient proféré des cris de malédiction. Il eut la conviction que la partie était définitivement perdue pour lui, et fit en hâte ses préparatifs de départ. " Ce jour-
" là, dit le " Manifeste ", il lance sur le trésor
" l'ordre de lui compter 29666 piastres, montant
" arriéré d'une pension viagère accordée à la fille
" aînée de Pétion, morte depuis 17 ans. Il presse
" d'un autre côté le Sécrétaire d'Etat d'ouvrir le
" Caveau afin d'en extraire 50000 piastres. Mais,
" par le plus heureux des hasards, les clefs se
" trouvent absentes. Que faire ? Il est urgent de
" fuir ! et Boyer s'embarque le soir sans bruit et
" sans scandale sur la corvette anglaise le " Scyl-
" la " .... Encore en rade, Boyer envoie le lende-
" main à terre pour palper cette somme. Fatalité !
" il n'y a plus moyen ; car la garde nationale,
" avisée du tour avait pris poste au Trésor et gar-
" dait avec une anxieuse vigilance le précieux tré-
" sor . .. — C'est sur ces entrefaites que le len-
" demain, le Président étant bien et dûment em-
" barqué, on trouve un paquet laissé, dans le
" déménagement du Palais, à l'adresse du Sénat,
" contenant quoi ? .. une abdication solennelle. *

Quelque chose est à relever dans cette note. Boyer ne s'appropria pas cette somme de 29666 piastres, comme a pu le croire le " Manifeste ". Cette sortie de fonds eut lieu effectivement, mais voici dans quelles circonstances : une loi du 27 Avril 1818 du Corps législatif avait décidé l'érec–

* No. 9. 4 Juin 1843. Réponse au " Courrier des Etats Unis " qui avait trouvé que les adieux de Boyer n'étaient pas sans quelque dignité.

tion d'un mausolée sur la tombe de Pétion, et accordé à sa fille Clélie une pension viagère annuelle de 4000 gourdes. Or, de même que Boyer ne fit pas élever le Mausolée, la pension ne fut jamais payée jusqu'à la mort de Clélie, survenue en 1826. Ardouin rapporte que ce fut sur ses instances que le Président consentit, avant de s'embarquer pour l'Etranger, à payer à la mère de la défunte cette somme de 29666 piastres, représentant le montant de huit années d'arrérages dues sur la pension — 1818 à 1826. *

Quant à la somme de 50 000 piastres mentionnée ensuite, aucune indication ne nous permet d'établir s'il s'agissait d'une valeur légalement due ou non à Boyer. On sait toutefois qu'il fit toujours preuve sinon d'intelligence mais de probité et même de parcimonie dans la gestion des finances publiques.

Le Sénat qui veillait encore, par un message rendu sous la date du 14, informait le Secrétaire d'Etat de la démission du Président, et l'invitait à se charger des attributions du pouvoir Exécutif, en conformité de l'article 147 de la Constitution de 1816, comme si cette constitution pouvait être invoquée en présence de la Révolution triomphante. De leur côté, les citoyens de Port-au-Prince avaient formé un comité de Salut public pour assurer le maintien de l'ordre jusqu'à l'arrivée de l'Armée populaire, Elle y arriva, forte de douze mille hommes, sous les ordres de Lazare, le 24 Mars. Rivière l'y avait précédée de trois jours.

Le 4 Avril, un gouvernement provisoire, composé d'Imbert, Segretier, Voltaire, Guerrier et de Rivière Hérard, prenait la direction des affaires, avec un conseil consultatif dont faisaient partie : Hyppolite (Cap-Haïtien), Lhérisson, Hérard-Du-

* Tome 8, note au bas de la page 372.

mesle (Cayes) ; Franklin (Port-au-Prince) ; David St. Preux (Aquin) ; Honoré Féry (Jérémie) ; E. Boom (Jacmel) ; J. Paul (Léogane); Elie (St. Marc).

Le Gouvernement provisoire devait , aux termes de l'Arrêté du 4 Avril qui l'instituait , convoquer sans retard les Assemblées primaires pour l'élection à deux degrés d'une Constituante. Il rendit en conséquence son décret du 15 Avril qui fixa au 15 Juin la réunion des Assemblées primaires , et au 15 Septembre , celle de la future Constituante.

Le triomphe de la Révolution était complet.

Quarante-cinq jours et trois combats avaient suffi pour avoir raison du gouvernement de Boyer , vieux de vingt-cinq années. De tels faits semblent tenir du prodige , et pourtant , rien de plus accoutumé dans l'histoire. Mais les hommes par qui d'aussi grands changements sont amenés , les rapportent exclusivement , et volontiers , à leur habileté , à la sagesse de leurs combinaisons , oubliant que ce qui assure le triomphe des révolutions , c'est moins peut-être l'habileté des meneurs que les fautes , les maladresses ou les crimes des gouvernements. A ce titre , les derniers sont plus véritablement *révolutionnaires* que les plus fougueux démagogues.

Palmerston prononçait naguère , aux Communes d'Angleterre , des paroles que devraient méditer gouvernants et gouvernés , dans tous les pays : " Il y a , disait l'éminent homme d'Etat , deux " espèces de revolutionnaires en ce monde. Pre- " mièrement , il y a ces hommes violents , fou- " gueux et imprévoyants qui ne connaissent que " la voie des armes, qui renversent les Gouver- " nements établis et qui , aveuglément , sans " égard pour les conséquences , sans mesurer les " obstacles ni comparer les forces , inondent leur " pays de sang , et attirent sur leurs concitoyens " des maux incalculables : voilà une classe de ré- " volutionnaires. Mais il y a des révolutionnaires

" d'un autre genre, des hommes d'un esprit aveu" gle qui, animés de préjugés surannés et épou" vantés par des appréhensions ineptes, arrêtent" le courant du progrès humain jusqu'à ce que la" pression irrésistible du mécontentement accumu" lé rompt les digues et renverse, en foulant aux" pieds, ces mêmes institutions qu'une application" opportune de moyens rénovateurs eut rendues" fortes et durables." *

Si ce livre prouve quelque chose, c'est bien que Boyer avait tout fait pour rendre une révolution à la fois légitime et inévitable. C'est ce qui explique la marche étonnante et la conclusion des événements auxquels le lecteur vient d'assister. Il n'y a donc pas lieu de revenir sur les erreurs, les maladresses et les responsabilités du successeur d'Alexandre Pétion. Cette partie de notre tâche est remplie désormais. Maintenant, nous allons suivre ceux qui ont triomphé de Boyer dans leur tentative de réorganisation des Pouvoirs Publics ; car, c'est là qu'ils devront nous donner la mesure de leur force. Nous ne tarderons pas à les voir aux prises avec des difficultés formidables sous le poids desquelles ils succomberont à leur tour.

* Lord Palmerston, sa correspondance intime pour servir à l'histoire diplomatique de l'Europe, traduit de l'Anglais par Auguste Graven, 2ème Partie pp. 229 et 230.

CHAPITRE VI

CHAPITRE VI

L'INTERRÈGNE.

CRISE GÉNÉRALE. PRODROMES DE LA RÉVOLUTION D-OMINICAINE.

TROUBLES DANS LA PLAINE DES CAYES.

L'orage révolutionnaire, bien qu'ayant fortement retenti hors du Sud, s'y était à peu près localisé. Sauf, en effet, Léogane et Jacmel qui se prononcèrent dans l'Ouest en faveur du mouvement, et Santo Domingo qui courut aux armes et chassa les autorités que Boyer y avait placées, les autres provinces du pays étaient demeurées dans un calme profond pendant la tourmente.

Il semble que ce peu d'enthousiasme frappa les Révolutionnaires. Aussi, le gouvernement provisoire décida-t-il, aussitôt installé, d'envoyer le Chef d'Exécution, devenu un de ses membres parcourir les provinces septentrionales et orientales, afin de secouer leur apathie et de les gagner aux idées de la Révolution.

Ce fut à peu près pour Rivière Hérard une marche triomphale jusqu'à Santo Domingo, et pendant laquelle montaient aux nues le fracas des tambours et la sonorité de ses proclamations enflammées.

Au Cap. où la Révolution n'était pas populaire, il y eut, à l'approche de Riviére, des manifestations assez inquiétantes : la garde nationale de la plaine s'était portée à la Petit' Anse et semblait disposée un moment à s'opposer à l'entrée de l'armée expéditionnaire ; mais les choses n'allèrent pas plus loin, grâce à l'intervention du Commandant de l'arrondissement, le général Bottex.

Rivière attribuait cette hostilité à l'effet de certains écrits que Beaubrun Ardouin y avait jetés pendant qu'il se rendait à Saint Thomas. Ce n'était pourtant rien en comparaison de ce qui l'attendait en Dominicanie.

Et si peu perspicace que fût en effet ce Chef improvisé, il put constater, en mettant le pied dans la partie espagnole, le réveil inquiétant des sentiments particularistes qui étaient restés vivaces au cœur des " hattiers" de l'Est.

La Révolution de Praslin y avait produit une conséquence inattendue pour Rivière : ces populations, qui subissaient avec une impatience mal déguisée la suprématie de l'Ouest, ne virent dans la chute de Boyer et les embarras du moment qu'une occasion dont il fallait se hâter de profiter pour se séparer de nous. Le Chef d'Exécution qui s'attendait à être reçu en libérateur au milieu d'elles, — car là aussi on avait souffert sous le despotisme de Boyer, fut au contraire, partout, froidement accueilli. Il visita d'abord le nord du pays ; le désordre était grand à la suite de l'effondrement du gouvernement de Port au-Prince. Sur tout son parcours, il s'efforça de donner une organisation au moins provisoire aux choses. A Sainte-Yague, où il découvrit les intrigues d'un *parti colombien* qui fomentait la révolte, il prit des mesures rigoureuses contre les meneurs ; à Macoris, il dut faire arrêter le curé qui travaillait activement contre nous. On trouva chez ce ministre de Dieu, un appel au peuple contre Rivière et un drapeau haïtien sur le bleu duquel était écrit en grosses lettres : à bas le tyran ! Dans cet appel, l'abbé disait à ses compatriotes qu'ils étaient plus instruits, plus nombreux, plus riches et plus braves que le peuple franco-haïtien, et les invitait finalement à se soulever. A Cotuy, un second prêtre, ami du précédent fut aussi arrêté ; par ailleurs, plusieurs autres, étrangers du pays, et qui prêchaient sous main la révolte, avaient été expulsés.

Ainsi, du Nord au Sud, les mêmes tendances se faisaient jour. A Santo-Domingo, les maisons habitées par les familles d'origine espagnole restaient fermées le jour de l'arrivée de Rivière ; là encore, il dut prendre plusieurs mesures de sûreté : il fit appréhender les agitateurs qu'on dirigea sur le Port-au-Prince.

Pedro Santana, le futur chef de la Révolution, conspirait déjà, avec son frère Ramon, dans la commune de Seybo ; Rivière lança sans succès un ordre d'arrestation contre eux ; ils eurent le temps de s'y soustraire par la fuite. Le Chef de l'armée expéditionnaire réorganisa, à Santo Domingo, le service administratif et la garde nationale, à la tête de laquelle fut placé son fils Déo Hérard.

Il rentra à Port-au-Prince par le Mirebalais, après une absence de quatre mois.

Les mesures prises par Rivière pour asseoir l'ordre là-bas y produisirent, une fois qu'il eut quitté le pays, des effets absolument contraires : Il semblait qu'aucun lien ne pouvait plus retenir ces populations dans notre système politique ; rien d'ailleurs n'avait été fait en conséquence durant la longue administration précédente.

Telles étaient les tendances de l'Est, au moment précis où le triomphateurs de Praslin allaient entreprendre, parmi les difficultés formidables, la tâche toujours périlleuse par elle-même de reconstituer les pouvoirs publics au milieu de l'anarchie créée par une Révolution victorieuse.

C'est que, la suprématie de l'Ouest, suprématie de nègres, devait être nécessairement odieuse à des gens qui se réclament emphatiquement du sang castillan, d'une race prétendue supérieure, et qui se qualifient volontiers, dans leur indolent et naïf orgueil. de *blancos de la tierra.*

Cependant, loin de proclamer la séparation *ex abrupto*, on eut l'air d'accepter les principes et les conséquences de la Révolution occidentale, et comme partout ailleurs, on créa des municipalités et procéda aux élections pour la Constituante.

Le Curé de Macoris avait eu beau dire, le peuple " hispano-haïtien " sentait bien qu'il lui fallait le concours au moins déguisé de l'Espagne ou de la France pour se séparer du peuple " franco haïtien ". En attendant, les Constituants de l'Est se réunirent au Port-au-Prince à leurs collègues pour travailler à la nouvelle Constitution. Là, sous main, ils firent des ouvertures au consul français, Mr. Levasseur et à Mr. Adolphe Barrot qui s'y trouvait alors, en mission spéciale près du gouvernement provisoire. Pour prix du concours qu'ils sollicitaient, ils allèrent jusqu'à offrir la cession de leur territoire à la France.

Ces pourparlers se poursuivaient entre le Consulat français et les Constituants de l'Est, lorsque le gouvernement provisoire consentit à accréditer à Santo Domingo Huchereau de St. Denis, qui, nommé Consul pour le Cap, se trouvait jusque-là sans résidence par suite de la destruction de la métropole du Nord en Mai 1842. Presqu'au même moment, les Constituants de l'Est qui ne dissimulaient pas leurs visées séparatistes, furent arrêtés. Le gouvernement fit une faute encore plus grave, en consentant non-seulement à les relaxer sur l'intervention amiable de M Levasseur, mais en permettant qu'ils s'en retournassent chez eux sur des navires de guerre français qui amenaient Huchereau de Saint Denis à Santo Domingo. Les habitants de cette partie, déjà travaillés par tant d'influences antihaïtiennes virent dans cette double intervention le gage du concours éventuel de la France. Car ces faits parlaient assez par eux-mêmes, et n'étaient pas de nature à leur laisser un doute sur les sympathies de la diplomatie française pour leur cause.

La France n'avait jamais vu d'ailleurs avec satisfaction l'unité politique de l'Ile sous notre hégémonie : elle s'employa naturellement à la briser. Ce n'est donc pas à tort que, dans sa proclamation du 20 Avril suivant, datée d'Azua, Rivière Hérard accusera ouvertement cette puissance d'avoir fomenté la révolution dominicaine. Il n'est pas douteux que le rôle de la diplomatie française a été funeste à nos intérêts dans tous nos démêlés avec la Dominicanie. Le Pelletier de Saint Rémy, très au courant des choses antiléennes, a fait, au point de vue français, une lumière complète là-dessus : " Il est d'abord constant, dit ce " publiciste, qu'aussitôt la révolution accomplie, " (1843) des ouvertures furent portées à Cuba, et " plus tard jusqu'à Madrid, et nous ne croyons pas " nous tromper en avançant que celui que l'on ap- " pelle le chef du parti français, l'ancien Prési- " dent Baëz, fut conjointement avec Santana char- " gé de cette négociation. Personne n'a oublié " quel était alors l'affaiblissement de l'Espa- " gne : absorbée dans les luttes intestines, elle " ne pouvait songer à se créer de lointaines af- " faires. Econduits de ce côté, les Dominicains " se tournèrent vers la France, représentée dans " ces parages par deux hommes entreprenants et " énergiques. l'amiral de Mosges et le consul gé- " néral Levasseur, dont l'intervention n'avait ja- " mais fait défaut dans les moments critiques. " Alors se produisit un épisode assez curieux de " notre histoire diplomatique. De véritables négo- " ciations, toujours conduites par Santana et Baëz " s'ouvrirent avec le Consulat français de Port- " au-Prince. Non-seulement elles furent accueillies " par notre Agent, mais avec une intelligence " qui l'honore, il comprit, que la condition du " succés était l'accession du Président haïtien. " Le vieux Pierrot venait d'être proclamé. Notre " consul parvint à obtenir sa secrète adhésion sous " la seule condition que l'esclavage ne serait ja- " mais rétabli dans la partie qu'il s'agissait d'an- " nexer. Il est certain que l'initiative prise par " le Consul général de France fut approuvée par " son gouvernement, que des ordres furent donnés

“ à l'amiral de Mosges de rallier St. Domingue,
“ avec toute la division navale du Golfe du Me-
“ xique, et de proclamer l'annexion de la partie
“ espagnole à la France. Ce qui est non moins
“ certain, c'est que ce mouvement fut effectué,
“ et que nos deux Agents arrêtaient entre eux les
“ dernières dispositions d'exécution lorsque des
“ contre-ordres leur arrivèrent. L'affaire s'était
“ ébruitée et avait pris aussitôt un caractère in-
“ ternational qui n'avait pas permis d'aller plus
“ avant sans compromettre de plus graves inté-
“ rêts.” *

Mais le terrain était préparé par l'administration malhabile et toute de déception de Boyer. Il avait adopté envers les habitants de l'Est un système d'exclusion qui dut les froisser d'abord et les irriter à la longue. Leurs intérêts n'avaient pas été suffisamment respectés, ni leurs usages locaux, ménagés.

De graves difficultés avaient surgi lorsqu'il se fut agi d'appliquer, au milieu d'une population dont le quart était représenté par l'élément blanc, et où étaient encore en vigueur maintes pratiques féodales, les dispositions restrictives de notre Constitution touchant le régime de la propriété immobilière.

L'année même de la réunion, en Août 1822, une Commission, instituée par Boyer, eut à élucider cinq propositions relatives aux propriétés de l'Est qui devaient rentrer au Domaine public. Elle déposa deux mois plus tard un rapport * à la suite duquel sept categories de ces propriétés passaient aux mains de l'Etat. Or, les biens du clergé s'y trouvaient atteints dans la proportion de trois sur sept. Les Prêtres catholiques en conçurent la plus invincible rancune contre la domination de l'Ouest. Aussi seront-ils les plus actifs ouvriers de la Séparation. Ajoutez le mécontentement des possesseurs d'esclaves à la suite de l'abolition définitive

* Voir St. Domingue et les nouveaux intérêts maritimes de l'Espagne. Revue des deux mondes, livraison du Ier Juin 1861.

* Voir Lois et Actes etc. tome III pp. 500 et suivantes

de la servitude qui fut la conséquence nécessaire de la prise de possession de 1822.

D'autre part, des règlements intempestifs avaient bouleversé l'économie rurale des Habitants de cette région. Habitués à pratiquer sur une grande échelle l'élève du Bétail, ils virent le gouvernement de Port-au-Prince entreprendre de transformer en propriétes individuelles leurs " hattes", ces vastes étendues de terre possédées jusqu'alors en commun et si nécessaires à la prospérité de leur industrie. La coupe des Bois précieux, à laquelle ils se livraient, fut aussi entravée. Peut-on imaginer une politique plus maladroite. Nous perdîmes ainsi, au lendemain même de l'élan qui les jeta dans nos bras, l'affection des populations de l'Est. Ce qui acheva de les indisposer, ce fut surtout les mesures qui touchèrent plus particulièrement à leurs convictions religieuses, toujours ardentes : Eglises, Couvents, Abbayes avaient été dépossédés de leurs biens et de leurs rentes qui remontaient à des époques lointaines.

La partie espagnole semble avoir été maintenue par les nombreuses garnisons qu'y tenaient nos troupes de l'Ouest.

Vingt années de cette administration avaient entretenu, nourri le mécontentement de ces populations, jusqu'au moment où des circonstances exceptionnelles allaient les seconder singulièrement dans leur projet de sécession.

Et la France qui veillait depuis l'échec de 1822 en sut profiter pour les aider à rompre les liens qui les rattachaient à nous, et pour faire avorter depuis toutes nos tentatives de reprise de possessions*

De retour parmi leurs compatriotes, les Constituants de l'Est soufflaient la guerre, de Puerto-Plata à Santo Domingo, de Neyba à Samana.

Tandis que ces graves événements se prépa-

* Ce fut encore la France, avec l'Angleterre alors son alliée, qui imposa à Soulouque la trève de Février 1857 qui sauva définitivement la Dominicanie du sort que semblaient lui réserver nos armes.

raient là-bas, de ce côté, les choses n'allaient pas mieux : les embarras étaient grands, pressants ; le gouvernement de Boyer avait laissé une succession financière malaisée, et la misère générale, qui en a été la conséquence. " En décembre 1842, à la " veille de la Révolution, le trésor ne contenait " plus, pour faire face aux dépenses de l'inté- " rieur et à celles de l'indemnité qu'une encaisse " d'un million cinquante mille gourdes d'Espagne. " Or, l'armée en prenait, à elle seule, à cette " époque, onze à douze cent mille, la France, à " peu près le reste. " * Au moment de la crise, les troupes n'étaient ni équipées ni payées : on leur devait jusqu'à sept mois de solde. Aussi les a-t-on vues faire presque partout défection en faveur de l'Armée populaire.

D'un autre côté, le Cabinet de Paris pressait le Gouvernement provisoire de continuer le service de l'Indemnité, et, en présence de la pénurie du trésor, le Gouvernement s'était vu, en mai, deux mois après le départ de Boyer, obligé de lui demander un sursis. Le Cabinet français mit comme condition à l'acceptation de la requête présentée par la République l'obtention de certains privilèges commerciaux pour la France. Le Gouvernement provisoire rejeta ces prétentions, et de sursis, il n'en fut plus question. Il fallait plus que jamais trouver de l'argent soit pour le rachat de la dette — on y avait songé — soit pour le service régulier des termes.

En Juin, trois navires de guerre français mouillèrent en rade de Port-au-Prince. Le Gouvernement provisoire fit partir Dupuy pour Londres avec le titre de Commissaire Extraordinaire et Plénipotentiaire de la République près du Gouvernement de Sa Majesté Britannique. Il avait reçu la mission de négocier un traité de Commerce avec la Grande-Bretagne et de lancer un emprunt sur la place de Londres. * Dupuy ne trouva pas

* Lepelletier de St. Remy, op. cit. tome II page 206

* A part une lettre particulière de Dupuy, datée de Boulogne et adressée à Rivière Hérard, j'ai eu sous les yeux le texte des Instructions

d'argent, car, à ce moment là, en Angleterre, on n'avait aucune confiance dans les desseins de la France sur nous, et on parlait déjà, dans les cercles officiels de Londres, du départ prochain d'un Agent français, Mr. Adolphe Barrot, pour Port au Prince. Il y arriva en effet en octobre, sur la corvette l' "Aube", pour régler la question de l'Indemnité.

Afin de faire face à une situation aussi désespérée, le Gouvernement provisoire avait pris diverses mesures. Il avisa d'abord aux moyens d'améliorer le *Change* sur le doublon espagnol, en fixant à deux gourdes et demie, monnaie nationale, le taux auquel les caisses publiques devaient accepter la piastre forte. Il en résulta une baisse sensible et momentanée de la prime de l'or. D'autres mesures, moins heureuses, avaient été émises en vue de diminuer la misère générale qui sévissait : la loi de 1835 qui établissait les droits d'Importation en or, abolie un instant, dut être rétablie.

Pour donner un gage de sympathie aux classes rurales, le Gouvernement n'avait pas hésité à supprimer sans transition les droits établis à l'exportation des produits du pays. Cette suppression intempestive eut pour conséquence immédiate une diminution de 600 000 gourdes dans les recettes. La situation financière de la République se soldait par un déficit de 800 000 gourdes. *

Les difficultés politiques n'étaient pas moins grandes : l'agitation ouverte par la période électorale à laquelle, contre tout sens commun, le Gouvernement avait donné une trop longue durée, amena des désordres, des troubles qui eurent un caractère particulièrement inquiétant aux Cayes.

Cette ville qui a toujours été travaillée par une sourde division, offrit, dès l'ouverture de la campagne électorale, le spectacle de deux partis en présence, également animés par la passion politi-

diplomatiques dont il fut muni.

* Ces chiffres sont empruntés à Lepelletier de Saint Rémy, op. cit. tome 2 page 209

que, et pleins de méfiance l'un à l'égard de l'autre.

Un conflit ne tarda pas à s'élever entre eux à l'occasion de la formation du Bureau de l'Assemblée primaire, et à la suite duquel, l'un des candidats, Salomon jeune, se retira à la tête de ses électeurs et adressa, avec ses amis, une véhémente protestation au Gouvernement provisoire.

Les protestataires se plaignirent d'avoir été victimes de manoeuvres déloyales de la part de leurs concurrents ; à la vérité, la protestation dépassait les limites d'une contestation électorale, c'était plutôt le résumé des griefs d'un groupe politique important qui se prétendait lésé dans son droit le plus sacré sous un régime démocratique, le droit à l'égalité

Il y eut là, non une explosion de haine, mais celle d'une grande colère amassée pendant de longues années d'ostracisme politique, à travers laquelle, en y regardant bien, circulait une forte aspiration à l'union par une égalité et une fraternité réelles. Mais, du coup, les vieilles querelles cutanées, toujours vives dans cette partie du pays, s'étaient réveillées, et la lutte avait pris non le caractère d'un conflit d'opinions, mais celui de deux égoïsmes collectifs, de deux classes sociales ennemies, qui se jalousent, qui cherchent à s'exclure, à se proscrire avec un égal aveuglement.

Le Gouvernement provisoire parut avoir compris toute la gravité de la situation ; il se hâta d'envoyer une Délégation sur les lieux, afin d'entendre les parties. Composée d'hommes étrangers aux passions qui divisaient cette cité, la Délégation parvint à rétablir la concorde entre tous. Et chose curieuse, un concordat en règle intervint entre les Nègres et les Mulâtres des Cayes, qui reconnurent leurs erreurs passées, déclarèrent en revenir, et se jurèrent union et paix indissolubles. * La mission de la Délégation accomplie,

* Voir Une Défense, par Salomon jeune, Brochure

la malheureuse cité renaissait à la confiance et à la paix, quand, sur les informations passionnées de ses amis des Cayes, Rivière qui se trouvait encore dans la partie de l'Est, commit l'imprudence de lancer, par dessus la tête du Gouvernement provisoire qui venait de tout régler, un ordre d'arrestation contre les Salomon et leurs amis. L'ordre fut apporté aux Cayes par un de ses aides de camp, le colonel J. B. Lacroix. C'était mettre de nouveau le feu aux poudres. Les Salomon résolurent de résister par les armes à l'arbitraire de l'ancien chef d'Exécution. Ils quittèrent la ville et se rendirent à "Castel-père", propriété de Salomon père, où ils armèrent les habitants, appelés aux armes au son de la cloche. Des combats sanglants eurent lieu entre eux et les troupes lancées pour les réduire, notamment à l'endroit dénommé "Hatte Esmangart". A la nouvelle de ces graves événements, provoqués cette fois par la légéreté de Rivière qui, dans sa proclamation du 18 Août, disait : "les Salomon, nouveaux Saturnes, sont *altérés du sang de leurs neveux*", le Gouvernement provisoire envoya en toute hâte le général Lazare, dans la plaine des Cayes pour y ramener l'ordre. Dès qu'il y arriva, les mécontents posèrent les armes, et une nouvelle entente intervint : * Salomon père rentra en ville avec ses partisans armés à la suite des troupes de Lazare, et un Te deum fut chanté en action de grâces. Lazare, en vertu des pleins pouvoirs dont il était muni, accorda, par sa proclamation du 17 Août, amnistie pleine et entière sur ces faits. Mais les Riviéristes de la ville, qui se montraient alors d'autant plus animés de vengeance qu'ils eurent peur auparavant, ne furent pas satisfaits de la modération du vieux guerrier ; ils se moquèrent de ce qu'ils appelèrent sa proclamation "à l'eau de rose". Par les nouvelles qu'ils envoyèrent des Cayes, ils continuaient à peindre, sous les couleurs les plus sombres, la situation dans le Sud.

* Voir la relation détaillée dans le "Manifeste" No du 3 Septembre 184

On venait d'appeler le général Lazare au Gouvernement provisoire en remplacement de Voltaire décédé. Il y fut absorbé parce que Rivière et ses amis commençaient à redouter en lui un concurrent possible pour la Présidence. Avant de regagner la Capitale où il était mandé, Lazare persuada à Salomon père d'aller s'expliquer devant le Gouvernement, afin de bien établir dans quelles circonstances, lui et ses amis avaient dû recourir à la voie des armes. Celui-ci se rendit donc à Port-au-Prince, accompagné de son fils Lysius. Loin de les entendre, et malgré l'amnistie de Lazare, le Gouvernement provisoire, dominé par Rivière, les fit conduire en Dominicanie où on les jeta dans les cachots de Neybe. Ils y restèrent huit mois, jusqu'au triomphe de la " Contre-Révolution. " Guerrier s'empressa de les rendre à la liberté et nomma Salomon père son Délégué dans l'Arrondissement des Cayes et les lieux circonvoisins à l'effet d'y ramener l'ordre.

Le 13e Régiment, soupçonné de leur être favorable, fut aussi déporté vers les mêmes régions.

Ainsi fut jeté imprudemment dans le Sud le germe des événements d'où allait bientôt surgir Jean-Jacques Acaau, c'est-à-dire la " Contre-Révolution " qui renversa les deux Hérard.

CHAPITRE VII

CHAPITRE VII

La Constituante.
Elaboration de la nouvelle Constitution.
Election de Rivière a la Présidence.
Soulèvement de la Partie espagnole. — La Campagne de l'Est.

Le Gouvernement provisoire commit la faute initiale d'avoir donné, on l'a vu, une trop longue durée à l'agitation électorale. Par son décret du 15 Avril, il avait fixé au 15 Juin la réunion des Assemblées primaires, au 15 Juillet, celle des Assemblées électorales ; et la Constituante, qui sortait d'une élection à deux degrés, devait être réunie, à son tour, le 15 Septembre suivant.

Or, ce ne fut que le 23 que l'Assemblée inaugura ses travaux à la Capitale.

Boyer s'étant embarqué le 13 de Mars, c'était déjà six mois d'interrègne, sans compter la période pendant laquelle la nouvelle Constitution allait être discutée au sein de cette Assemblée ; discussion interminable, pleine d'incidents qui ne s'acheva qu'avec les trois derniers mois de l'année.

Lorsque, après un quart de siècle de violence et de compression, le Gouvernement disparut comme un fétu devant une tourmente populaire, il fallait être bien aveugle pour ne pas pressentir les troubles, le désordre, l'anarchie inévitables qui devaient s'en suivre.

Pourtant, pleins encore des enivrements du triomphe, sept mois après le départ de Boyer, les Révolutionnaires ne semblaient nullement pressés de reconstituer les pouvoirs publics.

Déjà, en Juillet, des troubles graves avaient éclaté, et le sang coulé dans la plaine des Cayes. Le 9 Septembre, à Port-au-Prince, le général Dalzon essayait d'entraîner la Garnison et de provoquer la guerre civile. Pris sur le fait, on le passa par les armes avec la plupart de ses complices.

Cette tentative, qualifiée à tort de " boyériste ", n'eut pas d'autres suites. Mais elle avait fortement impressionné l'opinion qui y a vu tout d'abord une affaire de caste. On a parlé, à cette époque, du plan conçu par Dalzon d'exterminer les gens de couleur, et des supplices qu'on dut infliger aux Noirs qui eussent cherché à épargner des Mulâtres, au moment de l'éxécution. * La Conspiration Dalzon indiquait surtout le mécontentement des vieux militaires, indignés par la profusion de feuilles de chêne et de plumes de perroquet dont les avocats et les tribuns de Praslin s'étaient couverts, du jour au lendemain. Hérard-Dumesle, David Saint Preux, Lartigue etc, dont la plupart n'avaient jamais servi dans les rangs de l'Armée, s'étaient presque tous improvisés généraux, eux et leurs amis après qu'ils s'étaient levés plutôt en haine du pouvoir militaire.

Les vieux soldats, les vrais enfants de la giberne rageaient. A une époque, où l'on comptait peut-être cinq généraux de division dans toute la République, et d'anciens combattants de 1804, qui n'étaient encore que chefs de bataillon, les grades militaires avaient un lustre, qu'ils ont perdu depuis.

D'autre part, dévoyés par le langage déclamatoire de la presse, les esprits se trouvaient en réalité sans direction, et en proie aux plus étranges agitations. Le Gouvernement provisoire n'était qu'une ombre, Rivière le dominait. Arrogant, absolu, il avait pris le langage et l'attitude d'un dictateur. Il ne se souvenait du despotisme qu'il ve-

* Ces pages étaient déjà sous presse quand parut l'ouvrage posthume de M. Madiou. Voyez son opinion sur l'affaire Dalzon, page 6.

nait de renverser que pour en prendre la place restée vide. Impatient, exalté par l'ambition, excité par le voisinage d'un pouvoir qu'on tardait trop à son gré à lui remettre, tandis qu'un courant d'opposition se dessinait contre ses tendances absolutistes, Rivière marchait résolument à sa perte et à celle de la Révolution.

Le " Manifeste " s'inquiétait du sort des libertés publiques. " Nous avons mis sous les yeux du " général Rivière, disait ce journal, des vérités " que la presse ne peut taire, car elle a sa grande " part de solidarité dans la Révolution qui s'est " accomplie ; car cette Révolution a proclamé le " triomphe des principes, et elle ne peut s'asso- " cier à la perte de la Révolution ; elle se suici- " derait elle-même. Nous lui avons dit : " général, " vous avez attaqué la liberté de la presse, vous " n'en avez pas le droit ; général, le nombreux (sic) " escorte qui vous entoure effarouche les libertés " publiques.*

Telle fut la situation au milieu de laquelle la Constituante inaugura, le 23 Septembre, l'ouverture de ses travaux.

On s'aperçut aussitôt que son expérience était considérable et qu'en face de la dictature militaire grandissante, ses démêlés avec la soldatesque de Rivière, allaient amener une situation si tendue, si compliquée qu'une nouvelle guerre civile ne tarderait pas à naître de cette lutte à outrance entre la rhétorique et le sabre.

La discussion de la nouvelle Constitution s'éternisait. On se perdait dans les généralités, les abstractions. Chaque Constituant voulut placer son discours, indiquer ses idées, ses vues personnelles. Et la vanité haïtienne qui n'est pas mince, trouva là, pendant trois mois, un vaste champ où se déployer à l'aise. C'était un déluge de rhétorique, et les Haïtiens prouvèrent une fois de plus qu'ils étaient politiquement les fils des Français de 1789 et de 1793.

* No du 10 Septembre 1843.

Les travaux n'avançaient pas. Il y avait là peu ou plutôt pas d'hommes possédant un système bien lié, des idées cohérentes sur la matière constitutionnelle ; d'esprits pratiques, capables de tenir compte des réalités environnantes, de se pénétrer des traditions, des mœurs, et propres à faire une œuvre conforme à la nature des choses.

Un beau jour, c'était vers la fin de Novembre, Rivière qui s'impatientait de ne pas tenir sa Présidence, signifia brusquement à l'Assemblée d'en finir avec ses interminables discussions : il menaçait de se retirer dans ses champs si la Constitution n'était pas votée au 15 Décembre. L'Assemblée répondit avec dignité à cette brutale sommation.

Les choses faillirent se gâter à cette occasion. Rivière lut aux troupes la réponse de l'Assemblée; les sabres furent, un moment, à moitié tirés de leurs fourreaux, et l'Armée songea très sérieusement à devancer les Mandataires de la nation en proclamant l'ancien Chef d'Exécution. L'Assemblée sentit le danger : elle mit un peu plus de hâte à expédier sa besogne, et " sacrifia quelques discours sur l'autel de la Patrie." * Le 30 Décembre, la nouvelle Constitution put être proclamée, et Rivière, élu à la Présidence pour une période de quatre années. Mais, entre l'Assemblée et son Elu, le désaccord était profond, et la lutte, plus âpre, recommença sans intervalle. Le 4 Janvier 1844 était le jour fixé pour la prestation de serment du nouveau Président devant la Constituante. A cette occasion, l'homme qui devait travailler si activement à détruire la Constitution et l'Institution municipale, s'exprima, après avoir juré de l'observer, à peu près en ces termes : " Et si, ce " qu'à Dieu ne plaise, si mon patriotisme était " capable de forfaire au serment que je viens de " vous prêter ; si je ne devais mettre au service " public tous mes efforts, si je devais négliger ce " qui doit assurer la civilisation et le bonheur de " la nation à la tête de laquelle je me trouve

* Lepelletier de St. Remy, déjà cité.

" aujourd'hui placé, je dirai comme le grand Pé-
" tion, lorsque, par devant le Sénat de 1807, il
" accepta l'office du Président d'Haïti, je dirai :
" que les armes confiées au peuple pour la défense
" de sa liberté se dirigent contre ma poitrine !

" Mais, citoyens constituants, souvenez-vous
" que c'est dans une époque transitoire, que c'est
" après le règne désastreux de tous les abus admi-
" nistratifs, que c'est après que le pouvoir eut
" habitué le peuple à tous les désordres de la
" corruption, que vous m'élevez à la Suprême Ma-
" gistrature de l'Etat. Le peuple appréciera votre
" Œuvre constitutionnel ; son besoin d'ordre et de
" discipline, ses préoccupations de bonheur général
" démontreront l'étendue des dispositions que vous
" avez consacrées.

"Je serai toujours le premier serviteur de la
" loi, comme je resterai la sentinelle de la liberté;
" je sais que ce n'est que le respect aux institutions
" qui sauve les peuples et qui fait leur bonheur ;
" j'emploierai toute ma sollicitude à pratiquer et à
" faire pratiquer le grand principe de la Souve-
" raineté du peuple ; ma vie est à la défense du
" pays ; mais au delà du possible, les forces hu-
" maines s'anéantissent.

" Souvenez-vous, Constituants, que chaque ci-
" toyen doit à l'intérêt général l'abnégation de ses
" intérêts privés, que chacun ne doit avoir d'autre
" pensée que celle de la gloire nationale ; je con-
" sacrerai tous mes instants et toutes mes veilles
" à la félicité publique ; et si jamais le gouffre de
" l'anarchie s'entrouvait, semblable à Décius (sic),
" je me précipiterai dans le gouffre pour sauver
" mon pays. Je goûterai la suprême félicité en
" contemplant ma patrie libre et indépendante, et
" en voyant les Sciences et les Arts fleurir dans
" son sein et embellir l'existence de mes heureux
" concitoyens.

" C'est à de pareilles conditions que j'ai ac-
" cepté les rênes du Gouvernement. Dorénavant
" ce sera du concours et du dévouement de cha-
" cun que découleront les progrès auxquels la Ré-

" publique doit atteindre."

Ce discours dont le texte se trouve à l'état de projet dans les papiers de la Révolution, a été quelque peu modifié avant d'être prononcé. Il nous a semblé néanmoins qu'il contenait la véritable pensée politique de Rivière.*

Les réserves que le Président avait semblé indiquer sur l'entiére exécution de la Constitution, produisirent la plus fâcheuse impression sur l'Assemblée déjà indisposée contre lui, et sur l'opinion publique. Et, pour combler la mesure, à l'issue de la séance, les troupes ponctuèrent par des acclamations bruyantes et significatives, les restrictions plus ou moins calculées de leur ancien général. On n'eut plus confiance. Les meilleurs amis de Rivière avaient commencé à se détacher de lui, quelques-uns avant même son élection : le général Segretier qui désapprouvait sa marche politique, voulut, dès les premiers jours de Décembre, se retirer du Gouvernement provisoire. A cet effet, il adressa à ses collègues la lettre suivante :

Port-au-Prince le 8 Décembre 1843, an 40e
et le 1er de la Régénération.

Au Gouvernement Provisoire

Citoyens, Frères et amis,

Il est des circonstances où les hommes les plus dévoués à leur pays cèdent à la nécessité de se retirer des affaires publiques, tout en demeurant disposé (sic) à le servir dans toutes les occasions : tel est mon cas en me dépouillant de mes hautes fonctions dans le Gouvernement provisoire.

Lorsque je fus appelé à concourir avec mes honorables collègues à la direction des affaires publiques, je n'avais dans la pensée que la conso-

* Voir le discours qui a été prononcé effectivement, et dont le texte, extrait de la "Sentinelle", du 4 Janvier 1844, se trouve aux Lois et Actes, tome VIII pp. 202 et suivantes.

lidation de notre mémorable Révolution, que l'amélioration du sort de mes concitoyens, que le bien-être du pays, décidé que j'étais à partager la gloire de mes dignes Collaborateurs comme à partager leurs dangers. J'ai été profondément affligé lorsque j'ai entendu exprimer une opinion contraire: dès ce moment j'ai pensé qu'il était du devoir de tout homme qui se respecte d'effectuer sa retraite.

Vous me rendrez justice, chers concitoyens, frères et amis, en pensant qu'à ma détermination se mêlent les regrets que j'éprouve en me séparant de vous.

J'ai l'honneur de vous saluer affectueusement,

N. SEGRETIER.

Segretier était, on s'en souvient, commandant de l'Arrondissement de Jérémie au moment de la prise d'armes de cette ville en faveur de la Révolution. Fait prisonnier, il adhéra au mouvement. Il avait été appelé à siéger au gouvernement provisoire à la place que la mort empêcha Bonnet d'y occuper. Sa démission ne fut pas agréée.

Mais, c'était surtout au sein de la Constituante que le parti des mécontents allait livrer les plus furieux assauts au nouveau gouvernement.

Cette assemblée, que la présence d'Hérard-Dumesle, tant qu'il la présidait, avait maintenue dans une modération relative, passa franchement à l'opposition aussitôt qu'il l'eut quittée pour occuper le ministère ; elle a été présidée successivement par Jacques Sylvain Hippolyte, David-Troy et Dumai Lespinasse qui étaient peu favorables à Rivière et à Dumesle.

Investi de l'autorité présidentielle, Rivière Hérard composa son premier Cabinet ministériel — qui fut aussi le dernier — où figurèrent les plus grands noms de l'époque : Jacques Sylvain Hyppolyte, à l'Intérieur ; Honoré Féry, à la Justice et à l'Instruction Publique ; Hérard-Dumesle, aux Relations Extérieures, la Guerre et la Marine, et Jean Chrysostôme Imbert, réputé pour sa probité, aux Finances et au Commerce. Le dernier ne tarda pas à se démettre, et fut remplacé par Laudun.

Cependant rien ne semblait capable de conjurer les événements qui s'annonçaient, et que Rivière allait précipiter par toute une série d'actes violents auxquels il se trouva comme condamné tant par suite de la fausse position qu'il avait prise d'abord vis-à-vis de l'Assemblée que par la nécessité d'affermir un gouvernement qui n'était point né viable.

Mené par Dumesle dont il prenait uniquement conseil à l'exclusion des autres ministres, il s'employa à détruire la Constitution nouvelle.

Cette constitution, avec l'ensemble des innovations qu'elle introduisait brusquement dans notre droit public, telles que l'institution municipale, la préfecture, l'élection des juges, et celle du Président de la République par le suffrage direct, comme aux Etats-Unis, était une œuvre de songe-creux, de rêveurs chimériques et dangereux. Ces braves constituants s'étaient figuré qu'il était aussi facile de changer les Institutions du pays que de renverser Boyer.

Aucun gouvernrment, il faut bien le dire à la décharge de Riviére, sans excuser toutefois ses violences et ses brutalités, ne se fut trouvé en mesure, au milieu des circonstances du moment, de respecter et d'appliquer l'œuvre des constituants de 1843. On assistait en effet à une sorte de fièvre, à une exaltation générale des esprits. La tribune retentissait d'accents d'autant plus véhéments, passionnés que la liberté était jeune ; les Municipalités, loin de s'occuper de l'administration des intérêts locaux, cherchaient à diriger la politique générale. A coté d'elles, des clubs avaient pris naissance et qui étaient devenus, dans les grandes villes, à Port-au-Prince, aux Cayes etc, autant de centres d'agitation politique.

Rivière fut condamné, juste châtiment des

déclamateurs qui croient pouvoir tout entreprendre avec des phrases sonores — à détruire de ses propres mains le résultat du mouvement qu'il inaugura à Praslin un an auparavant.

Il y procéda avec une duplicité toute florentine et dont la preuve a été faite par des révélations précises.

En même temps qu'il prescrivait aux commandants militaires de la province d'inaugurer la nouvelle Constitution par des cérémonies pompeuses, il leur faisait transmettre des instructions verbales et des modèles de protestation, avec l'ordre d'en provoquer de semblables dans l'Armée et le peuple, contre cette Constitution et les Municipalités. Au général Augustin Cyprien, Commandant l'Arrondissement d'Aquin, il écrivait le 6 Janvier :

" Citoyen général, je vous envoie par mon " aide de camp le commandant Lacroix plusieurs " exemplaires de la Constitution du pays de même " que plusieurs exemplaires de ma proclamation en " date du 4 Janvier courant, jour de ma prestation " de serment.

" Je suis loin, citoyen général et ami, de rien " préjuger contre la loyauté et la bonne foi des " Mandataires du peuple, mais permettez-moi de " vous dire combien je serais embarrassé pour la " mettre à éxécution pour le moment.

" Cependant, le peuple m'a déféré sa confiance " en m'appelant à la première Magistrature du pays, " et je n'ai d'autre but que celui du bien public ; " du reste, mon bonheur est dans la gloire de " mon pays."

Ce n'est pas tout. Voici comment Cyprien indique les circonstances dans lesquelles il reçut la lettre ci-dessus : " le général Rivière parvenu " à la Présidence, m'expédia son aide-de-camp, " le Commandant Lacroix. En m'adressant quel- " ques exemplaires de la Constitution, il (le Pré- " sident) m'écrivit une lettre qni me dit textuelle- " ment que cette Constitution était inéxécutable... " Le Commandant Lacroix me transmit des instruc- " tions verbales du général Rivière. Ces instructions

" indiquaient le mode à suivre dans les protestations " à faire contre la nouvelle Constitution, et le " Commandant Lacroix en avait des modèles." *

Le machiavélisme de Rivière ne tarda pas à amener de graves complications entre les autorités militaires et le pouvoir municipal. Dans l'arrondissement de St. Marc, à la Petite Rivière de l'Artibonite, ces autorités tentèrent de fermer la Municipalité ; et dès que cette nouvelle fut parvenue à Port-au-Prince, l'Assemblée interpella les Secrétaires d'Etat de la Guerre et de l'Intérieur sur les mesures qu'ils avaient prises pour la répression de ce fait. Les explications des Secrétaires d'Etat ne furent pas jugées satisfaisantes.

Sur ces entrefaites, le constituant Bazin partit pour la Petite-Rivière, sa commune. De nouveaux conflits s'élevèrent entre l'autorité militaire et la Municipalité de cette localité ; Bazin, fort de sa qualité de Constituant et de Chef de la Garde Nationale, s'opposa à la fermeture que persistait à vouloir opérer le colonel Commandant de cette Commune. Il reçut, le 18 Février, une lettre de cet officier, l'invitant à passer dans ses bureaux. Bazin n'ayant pas obéi à cette injonction, son arrestation fut décidée.

Il se rendit alors chez son ami Adam, juge de Paix, qui s'attendait comme lui à être arrêté. Peu après, se présente le colonel Grand Pierre, à la tête d'un détachement. Il leur ordonne à tous deux de le suivre au Bureau de la Place. Le juge de Paix s'y refuse et rappelle au colonel que sa maison est inviolable. Celui-ci menace de faire feu ; eux persistent dans leur refus.

L'officier commande à ses hommes d'apprêter les armes ; pour prévenir l'éxécution du mouvement, Adam lâche un coup de pistolet sur le colonel qui est atteint, mais le juge de paix tombe à son tour, avec deux de ses fils, son gendre et une domestique sous le feu du détachement. Bazin, qui avait franchi une fenêtre pen-

* Voir le " Manifeste " No du 14 Juillet 1844.

dant cette scène, pris à quelques pas de là, eut la tête et les deux mains tranchées. Le cadavre, ainsi mutilé, fut mis en pièces par les soldats en fureur.*

A la suite de cette horrible boucherie dont les auteurs étaient restés impunis, la Constituante adressa son message du 27 Février au Président de la République pour lui signifier qu'elle n'avait plus confiance dans le Secrétaire d'Etat de la Guerre. Rivière n'en tint naturellement aucun compte : le Secrétaire d'Etat de la Guerre n'était autre qu'Hérard-Dumesle en personne. La veille, le Président avait lancé contre cette Assemblée ce que les contemporains ont appelé la " fatale proclamation du 26 Février;" elle se terminait ainsi : " J'ai résisté " longtemps aux salutaires conseils qui m'étaient " donnés ; j'ai pensé que des hommes épris du " despotisme de corps reviendraient bientôt à des " sentiments de concorde et de modération ; mais " ils ont comblé la mesure des emportements. " C'est au peuple de prononcer sur le malheureux " conflit qu'ils ont soulevé ; l'opinion publique " décidera entre l'Assemblée Constituante et le " pouvoir exécutif ; elle dira un jour qui provoque " maintenant la perte du Pays, ou de ceux qui, " renonçant à tout sentiment de convenance, " veulent que les libérateurs de la Patrie expient " leur gloire dans l'humiliation, qui sèment les " plus funestes erreurs, ou de ceux qui se dévou- " èrent au salut de la liberté et du bien public, " et qui ont consacré leur existence à l'un et à " l'autre. Le peuple délègue ses pouvoirs et non " pas ses droits. Je suis le serviteur du peuple."

Quand on en arrive là, il faut ou vaincre ou périr. Rivière devait périr.

Pendant qu'il prenait en effet cette attitude dictatoriale vis-à-vis de l'Assemblée, et qu'un coup d'Etat paraissait plus qu'imminent contre cette dernière, l'orage éclata tout à coup dans la Partie espagnole. Le 24 février, un manifeste sépara-

* Voir le " Patriote " du 2 Mars 1844.

tiste * était publié dans l'Est, et la révolution, inaugurée aux cris de : " *Viva la Virgen Maria y Republica Dominicana* ! " ; Pedro Santana venait de se lever à la tête des Seybanos. *

Nos troupes ne tardèrent pas à lâcher prise à Santo Domingo : La population de cette ville s'était soulevée ; elle avait marché sur la forteresse où se tenait la garnison haïtienne. Celle-ci, disposée tout d'abord à se défendre, serait restée maitresse de la situation sans l'intervention du consul français, Huchereau de St-Denis, qui décida le colonel Déo Hérard à abandonner la ville au pouvoir de l'émeute.

Ainsi donc, à l'heure où le gouvernement eut besoin, pour entrer en campagne contre l'Est, d'être soutenu par le sentiment national, la désaffection était dans tous les cœurs, et il ne pouvait compter ni sur l'appui de l'opinion, ni sur la confiance de l'Assemblée. La guerre s'ouvrit d'ailleurs sous les plus tristes conditions : il n'y avait pas de finances ; l'armée était désorganisée; les passions révolutionnaires, l'esprit d'anarchie y avaient détruit la dicipline, tout sentiment de subordination. Les plus valeureux comme les plus expérimentés de ses chefs étaient ou morts pendant la Révolution, ou relégués hors de ses rangs depuis le triomphe pour n'avoir pas trahi leur devoir envers le dernier Gouvernement. Lamarre était tombé à Lessieur, et Cazeau, au Numéro Deux ; Toureaux s'était immolé aux Cayes ; Riché, Borgella * avaient été persécutés, humiliés, et avaient perdu, ainsi qne la plupart des autres officiers généraux, leurs commandements.

Quant aux gardes nationales, composées de bourgeois des villes et de campagnards, elles n'avaient aucune des qualités militaires fondamentales. Du reste, on leur avait appris au beau

* Voir à l'Appendice la pièce I

* Habitants de la commune de Seybo, voisine de Santo-Domingo.

* Rendu au Port-au-Prince pour offrir sa défense, Borgella (Jérome Maximilien y mourut le 30 Mars 1844, à quatre heures de l'après-midi. Il était né au même lieu le 6 mai 1773.

temps de l'Armée populaire, " à ne pas tirer sur des frères. "

Au début, le Président qui semblait croire encore à un retour possible des Habitants de l'Est, leur adressa une proclamation à la fois pleine de promesses et de menaces. C'était le 7 Mars. " Nous " sommes tous frères, leur disait-il, et les causes " de plaintes que vous pouvez avoir doivent être " débattues en famille. Faites-nous les connaître, " la loyauté du Gouvernement et les principes de " justice qu'il a adoptés, et dont il ne départira " jamais, ne devraient vous laisser aucun doute " sur l'impartialité de ses décisions. Mais si les " conseils pervers de quelques hommes égoïstes et " mus par des intentions criminelles étaient les " seuls motifs qui vous portassent à vous séparer " de la République, sachez que le Gouvernement, " ne pouvant, sans compromettre la nationalité " haïtienne, souffrir d'ennemis dans son sein, " ne reculera devant aucun sacrifice pour mainte- " nir l'intégrité de son territoire.

" Première sentinelle de la République, et " placé pour veiller à ses destinées et travailler à " son bonheur, je viens au milieu de vous, ac- " compagné de la garde nationale et de tous les " braves qui ont concouru au triomphe de la Ré- " génération. "

Le 9, Rivière sortit de Port-au-Prince à la tête de vingt mille hommes ; l'ancienne Garde de Boyer constituait le noyau de cette armée. Plusieurs grandes mesures avaient été prises avant son départ : le pouvoir exécutif était confié par décret au Conseil des Secrétaires d'Etat, et le Président, autorisé à se mettre à la tête des troupes ; les ports de l'Est étaient déclarés en état de blocus. On avait en outre institué une commission militaire permanente pour juger comme déserteur devant l'ennemi tout individu, susceptible de faire partie de l'armée, qui ne l'eut pas rejointe une heure après son départ.

C'était la loi martiale.

Jamais on ne vit une situation plus embrouillée,

plus tristement périlleuse. Les événements éclatés dans l'Est avaient provoqué de sombres inquiétudes : on vit avec effroi la possibilité d'une rupture de l'unité territoriale si miraculeusement réalisée. " Sans doute, disait le " Patriote ", qui se faisait " l'écho de ces graves préoccupations, l'Est appelera au secours de sa population des immigra-" tions de la race blanche avec leurs capitaux. Il " fera plus, et, pour résister à nos tentatives " de reprise de possession, il aura recours à l'al-" liance étrangère. En peu de temps, cette partie " du pays nous débordera, tandis que nous serons " aux prises avec la formidable question étrangère " qui, dans cette hypothèse, sera pour nous au-" trement grave qu'elle ne l'est déjà. Alors, l'étran-" ger lui sera favorable et ne nous fera pas quartier. " La nationalité haïtienne sera en risque d'être " envahie. Nous n'avons désormais aucune illusion " à nous faire. Quelques motifs, quelques griefs " qui aient pu porter la Partie de l'Est à former " un Etat indépendant, nous ne pouvons accepter " l'événement. A tout prix, il faut que l'intégra-" lité du territoire soit maintenue et que la Ré-" publique haïtienne soit une et indivisible*."

En ce moment-là, la partie qui s'engageait entre les Dominicains et nous, ne pouvait être gagnée que par un gouvernement solide, ayant la confiance de la nation, et servi par une armée disciplinée et aguerrie.

Or, nous n'avions rien de tout cela. En face de l'ennemi uni dans une même communion nationale, le Pays offrait le spectacle de la désorganisation et de l'anarchie. Quand le gouvernement était obligé, pour se maintenir, de se livrer aux plus cruelles pratiques de la terreur, où aurait-il puisé assez de force et de prestige pour ramener au giron de la République les Dominicains ligués en vue de la Séparation ? Par une lettre du 11 Mars, datée de Neybe, un agent du gouvernement, en mission dans l'Est, montrait déjà la

* Cité par Lepelletier de St. Remy, in eo loc. cit. tome I, p. 359.

situation quasi-perdue pour nous : " Il nous faut " deux régiments de plus et un peu d'argent pour " Neybe ! Il ne faut nullement compter sur la " population ; elle nous est entièrement hostile ; " si un grand déploiement de forces n'a pas lieu, " si nous éprouvons un seul échec, nous devons " craindre de voir s'éterniser la guerre civile et " quelque puissance étrangère venir nous imposer " son intervention en faveur des populations soi- " disant blanches de l'Est. Cette idée a été émise : " j'en crains la réalisation. Il faut énergie, hom- " mes, argent et célérité dans le tout*.

Le plan du Président était de pénétrer en Dominicanie par le Sud, tandis qu'un corps d'armée, parti du Cap, sous les ordres du général Louis Pierrot, devait opérer contre les Indépendants dans la région septentrionale, ayant pour principal objectif St Yago-de-los-Caballeros.

L'armée sortie de Port-au-Prince fut divisée en deux corps : le premier se dirigea sur Neybe, et le second, que commandait Rivière en personne, alla prendre position à St. Juan de Las Matas. Ils devaient opérer leur concentration à Azua, et de là, marcher sur Santo-Domingo. Les Dominicains arrêtèrent le premier corps à Neybe ; et Rivière, qui s'attendait à le trouver sous Azua, dut enlever de force cette dernière place sur les Indépendants. La marche sur Santo-Domingo n'était plus possible. Le Président fut contraint de demeurer à Azua, où il établit son quartier-général dans les derniers jours de Mars.

Dans le Nord, la campagne menée mollement par Pierrot, aboutissait à un échec plutôt honteux. Avec une nombreuse armée pourvue de munitions abondantes et d'approvisionnements, ce général ne parvint pas à enlever St. Yage qui n'offrait d'ailleurs qu'une faible résistance. Il leva bientôt le siège et s'en retourna au Cap avec l'Armée.

Rivière lui ordonna alors de le joindre à Azua, avec ses dix mille hommes. Les ordres du Prési-

* Lettre du colonel H. A. Brouard, aide-de-camp du Président de la République, en mission dans l'Est.

dent se succédaient de plus en plus menaçants, et Pierrot n'arrivait pas. La vérité est que le Cap était déjà en pleine conspiration, et que l'arrivée de Pierrot en cette ville était un élément de succès inattendu pour la Révolution qui y allait éclater. Les conspirateurs profitèrent de l'aubaine d'autant que, pour se soustraire à la colère et à la vengeance de Rivière, Pierrot se prêta sans difficulté à leurs projets.

Cet arrêt dans la marche du Président compromit les résultats généraux de la Campagne. Le découragement s'introduisit dans l'esprit des troupes, et malgré la rigueur excessive des ordres du jour qui se multipliaient, la maraude et la désertion éclaircissaient chaque jour les rangs de l'Armée expéditionnaire. Et les événements éclatés dans le Sud, dans le Nord et dans l'Ouest à la fois devaient mettre bientôt un terme à la Campagne de l'Est en renversant Rivière de la Présidence.

CHAPITRE VIII

CHAPITRE VIII

RÉACTION GÉNÉRALE.

LA CONTRE-RÉVOLUTION EST INAUGURÉE AU CAMP-PÉRIN.

JEAN-JACQUES ACAAU, CHEF DES RÉCLAMATIONS DE SES CONCITOYENS.

LE MANIFESTE DU NORD.

PORT-AU PRINCE PROCLAME GUERRIER A LA PRÉSIDENCE.

Du Sud au Nord, partout la situation, déjà compliquée comme à plaisir, s'embrouillait davantage. A Port-au-Prince, les Ardouin tenaient les fils d'une vaste conspiration dont les ramifications s'étendaient aux Cayes et à Jérémie. Le Conseil des Secrétaires d'Etat qui gouvernait en l'absence de Rivière, était divisé : d'un côté, Hérard-Dumesle qui s'était arrogé une sorte d'omnipotence ministérielle, et qui agissait en dehors du Conseil ; de l'autre, Laudun et Féry, qui, indisposés par ses manières dictatoriales, contrecarraient ses desseins dans les délibérations du gouvernement. Et comme Rivière qui se trouvait toujours à Azua, continuait à témoigner une confiance exclusive à Dumesle, les autres ministres écrivirent sans succès au Président pour lui signaler les dangers que créait au gouvernement la politique devenue insensée de son cousin.

La Constituante n'avait pas désarmé ; les deux ministres cherchaient à ménager l'Assemblée afin d'apaiser l'Opposition qui semblait disposée à un compromis en présence des dangers ouverts par la

Révolution dominicaine. Ils voulaient profiter de ces dispositions pour faire la paix avec les Opposants, se rendant bien compte que le Gouvernement ne pouvait, sans succomber, faire face à la fois aux inextricables difficultés intérieures et aux nécessités de la guerre avec la Dominicanie.

Dumesle, lui, aveuglé plus que jamais, s'était posé en adversaire irréductible de l'Assemblée; pour lui, et d'accord en cela avec le Président, la terreur était la seule solution à appliquer aux difficultés qui surgissaient alors sur tous les points du pays. Ce fut ainsi que, pour briser l'Opposition, il recourut à ces mêmes excès dont il fut l'éloquente victime avant la Révolution.

Dans la journée du 31 Mars, en effet, une publication accompagnée de manifestations bruyantes, parcourait les rues de la Capitale, aux cris de " A bas la Constituante ! A bas la Municipalité ! elle invitait les membres de cette Assemblée à se rendre à l'Hôtel de l'Arrondissement pour recevoir des ordres, afin de se joindre à l'Armée expéditionnaire, attendu que le premier devoir des représentants du peuple, ajoutait-on machiavéliquement, était de défendre l'unité de la République. Quelques heures après, un détachement occupa militairement le local des séances de la Constituante, et en refusa l'entrée à ses membres.

Le lendemain, 1er Avril, le Président de l'Assemblée, Dumai Lespinasse adressa la protestation suivante au Conseil des Secrétaires d'Etat : " Le " Conseil des Secrétaires d'Etat a été sans doute " informé des actes scandaleux qui ont eu lieu en " notre ville. Hier, une proclamation du Président " de la République, et un arrêté du Commandant " de l'Arrondissement qui enjoint aux membres de " l'Assemblée de se présenter au Bureau de l'Ar- " rondissement pour recevoir des ordres, ont été " publiés avec ces cris : A bas la Constituante ! " A bas la Municipalité ! Et dès l'après-midi mê- " me d'hier, un piquet de garde placé aux portes " du local de l'Assemblée en refuse l'accès à ses " membres. L'homme de bien doit savoir quel

" parti prendre, le mien est pris.

" Comme Président de l'Assemblée Constituante, " et dans l'intérêt du Pays, je dois cependant " vous déclarer que les réunions de l'Assemblée ne " se trouvent suspendues que par l'opposition de " la force armée ! "

Le 5 Avril, il était arrêté et jeté en prison ainsi que son collègue Dominique Benoît.

Ce fut pourtant dans le Sud que les événements éclatèrent de prime abord. Là, en effet, le mécontentement était plus intense, parce que les passions y étaient plus fortes, les esprits plus inflammables. Depuis les premiers jours de Mars, le volcan y couvait, surtout aux Cayes, où l'on avait essayé de faire main basse sur les personnes qui avaient pris part l'année précédente à l'affaire des Salomon. Deux groupes également hostiles aux Hérard, s'y étaient confondus et conspiraient activement. Le premier, composé d'anciens boyéristes exclus des affaires par les hommes de Praslin, et dans les rangs duquel on remarquait les Cériaque Beauregard, les Laurent Bourgeois, les Bergeaud père, les Genty Chardavoine etc, avait donné la main au second où l'on comptait surtout les amis politiques, les parents ou alliés des Salomon, qui travaillaient au retour de ces derniers.

Le rapprochement de ces deux groupes avait été opéré sous l'action des Ardouin qui avaient conservé de très grandes influences sociales aux Cayes, par suite de leurs anciennes relations avec la famille Borgella et de la haute position que Céligni y a occupée pendant de longues années sous l'administration de Boyer.

Les conspirateurs parcourèrent la plaine, endoctrinant les campagnards. Ce fut sur l'habitation Luké, propriété de Cériaque Beauregard que des armes furent distribuées pour la levée de boucliers. Et une femme au tempérament énergique et entreprenant, Louise Nicolas, * qui était de la

* Louise Nicolas était la sœur de Jean Louis Nicolas, le grand père de Monsieur Louis J. Nicolas, notre ancien Consul général à New-York

conjuration, imagina un moyen curieux pour transporter de la poudre en plaine. Elle se servit de dames-jeannes dont elle eut soin de remplir le col de sirop, et réussit ainsi à tromper la vigilance des autorités.

Tout était prêt ; on hésitait cependant entre le bourg de Torbeck et le Camp-Périn pour fixer le lieu du campement ; en outre, on croyait prudent d'attendre le départ de la garde nationale des Cayes qui devait rallier incessamment l'Armée expéditionnaire de l'Est.

Cériaque Beauregard et G. Chardavoine devaient prendre la direction militaire du mouvement. Et on verra plus loin par suite de quelles circonstances Acaau s'est trouvé le maître de la situation.

Enfin, dans la nuit du 27 Mars, les principaux meneurs de la plaine, Dugué Zamor, Jean-Denis Augustin, Moïse Lamour, Jean-Jacques Pluviose, Jean-Claude Pierre, Acaau s'emparèrent du Camp-Périn, où vinrent les joindre quelques citadins : André Augustin, Sannon François, Doriza Calix, Bienvenu etc. Mais les chefs réels du mouvement, les meneurs du groupe boyériste, ne se rendirent pas au rendez-vous, manquant ainsi à la parole donnée. Craignant encore l'issue des événements, la plupart jugèrent expédient de se cacher ou de se tenir à l'écart.

Le colonel Chardavoine s'était rendu à Port-au-Prince plusieurs jours avant la prise d'armes.

Quand la nouvelle de cette défection parvint aux Insurgés, ceux-ci crurent à une trahison, et conçurent le projet de se jeter dans les bois. Ils étaient sur le point de se disperser, quand Louise Nicolas leur fit dire par un émissaire que la ville était sans défense et qu'ils s'en empareraient sans difficulté.

On était justement dans la semaine sainte ; de plus, les troupes de la garnison se trouvaient presque toutes en campagne dans la Dominicanie.

Remis de leur panique, les Insurgés s'organisèrent : le commandement de "l'Armée Souffrante" — ainsi ils s'intitulèrent par imitation de l'Armée populaire de 1843 — fut déféré à Dugué Zamor, ancien capitaine de gendarmerie, élevé pour la circonstance au grade de colonel ; plusieurs autres promotions eurent lieu. Acaau qui usurpa plus tard le titre pompeux de *général, chef des réclamations de ses concitoyens* pour singer Rivière Hérard, n'obtint alors d'être nommé que " lieutenant-colonel d'infanterie. " L'un des insurgés, Jeannot Jean François, dit Jeannot Mouline, fut expédié sur le champ dans la Grand'Anse pour soulever cette région*. Il se présentera bientôt à la tête d'une nombreuse armée aux portes de Jérémie, et obligera cette ville à capituler.

La nouvelle de l'Insurrection se propagea dans l'arrondissement avec la rapidité d'une trainée de poudre. C'était la troisième fois depuis un an qu'on eut couru aux armes dans la plaine des Cayes : le 27 Janvier 1843, on inaugurait la Révolution à Praslin ; le 31 Juillet suivant, les Salomon étaient en armes à Castel père ; cette fois, c'était le Camp-Périn qui faisait sa " Contre-Révolution ".

Avant de quitter le Camp, les Insurgés adressèrent, sous la date du 1er Avril, la pièce suivante à la Municipalité des Cayes :

Liberté Egalité

République Haïtienne

Au peuple de la République haïtienne

Citoyens, Frères et Amis,

Nous venons, par le présent, vous déduire les motifs de notre prise d'armes, afin que vous n'en ayez point cause d'ignorance ; savoir : pour le maintien de la Constitution ; la remise de Messieurs Salomon et les autres qui sont exilés, à leur famille ; l'abolition de la loi martiale qui ne peut convenir à des hommes libres.

* Voir l'Ecrit intitulé : " Historique de la Contre-Révolution du Camp-Périn, par Moïse Lamour, commissaire des guerres ". Juin 1844.

Jamais il n'a été et ne sera de notre pensée de prétendre à la guerre de caste ; non, non, vous ne verrez jamais cela parmi nous, et nous appelons tous nos frères sans distinction à prêter leur concours au bonheur de la Patrie.

Nous demandons la publicité du présent conformément à l'original.

Vive la Constitution ! vivent la Liberté et l'Egalité ! Vive l'Indépendance ! Vive l'Union !

Donné au Camp-général du Camp-Périn, le 1er d'Avril 1844, an 41e de l'Indépendance.

J. Acaau, Du. Zamor, Pluviose Jn-Jacques, Jn. Denis Augustin, Jn. Claude Pierre, colonels ; Navard, Bonhomme Bernard, Chéry Jolivert, Rochenar Constant, Pierre-Louis Samedy ; M. Lamour, Commissaire des Guerres.

Le 3 Avril, ils se mirent en marche sur les Cayes.

L'autorité se décida à les attaquer ; des troupes sortirent de la ville sous les ordres du général Augustin Cyprien, commandant de l'Arrondissement d'Aquin, qui avait été appelé en hâte au secours de celui des Cayes.

La défense fut molle ; au premier contact qui eut lieu au " Carrefour Fonfrède ", " l'Armée Souffrante " jeta le désordre dans les rangs des troupes de la ville. Le colonel Merveilleux Hérard laissa tomber aux mains des insurgés la pièce de canon dont il avait la garde.

Ce fut une déroute complète, au point que dans l'après-midi du même jour, ces derniers purent occuper les Quatre-Chemins d'où ils prirent des dispositions pour se rendre maîtres de la Place. Une colonne occupa la Chaussée, tandis que deux autres furent dirigées, la première sur le Fort Boyer, à l'extrémité Sud-Ouest, et la seconde sur le Fort Ilet, à l'extrémité Nord-Est. Vers les 10 hrs. du soir, les trois colonnes pénétrèrent dans la ville sans rencontrer de résistance, et se trouvèrent face à face le lendemain avec les troupes du Gouvernement, cantonnées devant la Mairie. Une capitulation intervint entre les deux parties et la "Contre-Révolution" resta maîtresse de la situation. Voici du reste en quels termes une proclamation d'Accau, du 15 Avril, relatait ces faits :

.... " Assez longtemps courbés sous le joug " avilissant du despotisme, nous attendions du " temps le remède à nos maux. — L'éventualité de " l'éducation nationale, le dépérissement de nos " champs, le pays écrasé sous le poids énorme " d'une dette monstrueuse, son avenir abandonné " au hasard, tout annonçait l'approche d'une crise " politique : la lutte éclata, l'ancien Gouvernement " croula, et la nation accepta tout d'abord les " promesses solennelles de la Révolution. Cependant, loin de marcher dans les voies de la légalité, le nouveau pouvoir, par des actes arbitraires " dont nous nous croyions délivrés à jamais, a " contristé nos cœurs.

" Sans jugement aucun, des pères de famille, " les citoyens Salomon et leurs compagnons, pour " avoir cru pouvoir parler de droits, d'égalité et " de liberté, sont confinés dans les déserts inhospitaliers de la partie orientale de notre Ile. Le " 13e Régiment, annoncé comme adhérant à leurs " sentiments, est déporté à Santo-Domingo. Pour " obtenir l'obéissance passive, est sortie une loi martiale qui, suivant les circonstances, frappe l'innocent et le coupable.

" D'un autre côté, que dit le cultivateur, auquel il a été promis par la Révolution la diminution du prix des marchandises exotiques, et " l'augmentation de la valeur de ses denrées ? " Il dit qu'il a été trompé ; et pour comble de " maux, la Constitution qui consacre tous les droits " et tous les devoirs, a reçu les dernières injures " de l'Arbitraire dans la cour du local même où " l'Assemblée Constituante délibérait.

" La population des campagnes, réveillée du " sommeil où elle était plongée, murmura de sa " misère, et résolut de travailler à la conquête de " ses droits. Dans une assemblée solennelle, j'ai " été revêtu du titre de Chef des réclamations de

" mes concitoyens ; j'ai juré , en présence de la " divine Providence qui protège l'innocence ma- " lheureuse , à tous les braves qui m'entouraient, " d'être fidèle à leurs vœux. Un cri unanime ap- " plaudit à ce serment sacré. Quatre points prin- " cipaux sont l'objet de la réclamation populaire. — " Le maintien de la Constitution ; avec la Cons- " titution , l'agriculture sera respectée et honorée. " Le rappel des citoyens Salomon et de leurs " compagnons ; l'abolition de la loi martiale ; et " le retour du 13e régiment dans ses foyers. —

" Le Camp-Périn choisi pour le quartier-général, " nos forces combinées , protégées par une pièce " de 16 , surnommée *Maman Pimba* , se mirent en " marche le 3 du courant. Il était loin de notre " pensée de livrer aucune bataille ; mais seule- " ment nous voulions présenter nos réclamations " dans une attitude qui prouvât que nous y " tenions....

" Le lendemain , je fis connaître par une let- " tre au Conseil municipal des Cayes la cause " de notre prise d'armes. Une réponse verbale " s'appuyant sur la semaine sainte qui ne permet " aucune affaire sérieuse , est le seul honneur qui " nous fut fait, et le même jour , à 11 heures du " matin , voilà trois colonnes qui marchent sur " nous .... Après une heure de combat, la victoire " nous sourit .... Nous avons eu à déplorer dans " les rangs ennemis , la mort de beaucoup de nos " frères. Dieu a voulu que nous n'eussions qu'un " mort et trois blessés. J'aurais pu poursuivre l'ar- " mée vaincue et entrer dans cette ville pêle-mêle " avec elle, mais le sentiment de la fraternité a " retenu nos pas.

" A trois heures de l'après-midi , j'étais maître " des Quatre-Chemins .... le 5 au matin , nous " reconnûmes les troupes du gouvernement qui " avaient pris position à la Mairie ; les nôtres , " bien qu'en possession de la cité , n'ayant point " reçu ordre d'attaquer la ville, on parlementa, " une capitulation * intervint. Les autorités mili-

* Voir cet Acte aux Lois et Actes , tome VIII , page 293.

" taires s'effacèrent devant nous ; la justice de nos " réclamations est reconnue par tous les citoyens, " autorités civiles et autres qui font cause com- " mune avec nous , et les propriétés sont respec- " tées. "

Lepelletier de St. Rémy qui a reproduit cette proclamation , contre-signée P. L. Labossière , d'après sans doute le " Manifeste " où nous l'avons trouvée , l'a commentée ainsi : " Le fait est qu'il " n'y eut que peu de sang de répandu. Acaau " fit les choses à peu près comme il le dit dans " son bulletin.*

L'Armée Souffrante quitta bientôt les Cayes, sous les ordres de Dugué Zamor et d'Augustin Cyprien , en marche sur le Pont de Miragoâne, où elle devait opérer sa jonction avec les divisions des généraux Antoine Pierre, Jeannot Jean-François et Philibert Laraque qui venaient des arrondissements de Tiburon et de la Grand'Anse. Ce fut alors qu'Acaau, nommé commandant de la Place des Cayes, prit audacieusement le titre de Chef des Réclamations , et se trouva maître absolu de cette ville où il allait se livrer à une sorte de souveraineté excentrique, à une tragi-comédie bouffonne, provoquant tour à tour des rires et des larmes , et dont la bizarre grandeur devait être un sujet d'étonnement pour la postérité.

La nouvelle de ces événements trouva le Président à Azua, où nous l'avons laissé.

On dirait que son courage s'exaltait à mesure que les difficultés se multipliaient autour de lui. Le 25 Avril , le Cap s'était prononcé contre lui , et avait proclamé Pierrot général en Chef de l'Armée du Nord. Rivière , loin d'être abattu par de tels revers, semblait redoubler d'énergie.

En apprenant la prise d'armes du Camp-Périn, il ordonna à Geffrard , de Jacmel , de se porter sur Aquin , afin de barrer le passage à l'Armée souffrante. Les Contre-Révolutionnaires, qui avaient enlevé sans coup férir Cavaillon et St. Louis du

* Op. cit. tome I, p. 257.

Sud, attaquèrent Aquin le 10 Avril ; ils réussirent à pénétrer dans la ville, mais Geffrard et Riché qui avaient organisé la défense, leur infligèrent la plus sanglante défaite. Repoussés avec pertes, ils durent se cantonner à St. Louis. Ils ne prirent possession d'Aquin qu'après que cette ville eut été évacuée dans les premiers jours de mai.

Pendant que l'Armée Souffrante était repoussée devant Aquin, Jeannot Jean-François, qui était parti du Camp-Périn pour soulever la Grand'Anse, après avoir enlevé Corail et Pestel, s'était présenté devant Jérémie, à la tête de trois mille hommes. Dans la ville, il y avait, comme aux Cayes, un parti favorable à l'Insurrection. La plus grande partie de la population n'était pas disposée à la résistance. Les menées absolutistes du nouveau régime lui avaient aliéné tous les cœurs. La garnison était d'ailleurs peu nombreuse. Les jeunes gens, ordinairement très entreprenants, ne voulaient pas se battre pour Rivière. Quant aux vieux, ils disaient que "c'était une pure folie que de tenter aucune résistance contre l'armée ennemie."

On demandait une capitulation qui assurât certaines garanties aux personnes et aux propriétés.

Après avoir consulté les autorités locales dans une réunion publique qui eut lieu à son Hôtel, le Commandant de l'arrondissement, le général Philibert Laraque dut accepter la capitulation *, et l'Armée Souffrante prit possession de Jérémie.

L'Insurrection avait été, dés le début, considérée comme une guerre de caste ; aussi, bon nombre de personnes, prises d'une étrange panique, s'étaient embarquées aux Cayes comme à Jérémie, pour Port-au-Prince, voire même pour la Jamaïque, à l'approche de l'Armée contre-révolutionnaire. Cependant Jérémie n'a point connu, grâce au tempérament d'ordre et à la fermeté énergique de Jeannot Jean-François, le chef des Insurgés, les excès auxquels Acaau se livra un moment aux Cayes,

* Voir son Ecrit justificatif, in le "Manifeste" No du 30 Juin 1844.

après avoir pris audacieusement le titre de Chef des réclamations. Il n'y eut donc là ni emprisonnements par récrimination ni séquestre de biens d'émigrés.

L'histoire doit, pour être impartiale, invoquer en faveur d'Acaau, non-seulement son ignorance, mais aussi l'autorité des précédents laissés par les hommes de Praslin qu'il s'attacha à imiter par leurs mauvais côtés tout en les chassant du pouvoir. Ce petit officier de gendarmerie, jeté là par le hasard des révolutions, n'était-il pas en quelque sorte la contre-partie burlesque et grossière de Rivière Hérard ?

Après la révolution morale qui venait de s'accomplir un an auparavant, et qui était l'œuvre d'une portion notable de la bourgeoisie, apparaissait la révolution matérielle, aux tendances quasi-socialistes, effectuée par des hommes du peuple qui arrivaient avec le dessein plus ou moins vague de se faire une place au soleil de l'égalité démocratique. Rien de plus accoutumé dans l'Histoire. Il était impossible toutefois que ces masses populaires, devant lesquelles fuyait la bourgeoisie désemparée et comme affolée, se trouvassent prêtes, quarante ans après l'Indépendance, pour occuper le pouvoir. Ce fut alors que les politiques inventèrent le système qui a prévalu depuis de leur donner une sorte de représentation physique au sommet du pouvoir.

Le vieux Guerrier était sous la main, on ne cherha pas plus loin.

Guerrier avait du reste pour lui le prestige militaire et une bravoure légendaire ; le Manifeste du Cap, en proclamant Pierrot général en chef de l'Armée du Nord, avait enjoint à ce dernier " d'avoir une conférence avec le général Guerrier, son aîné, avec qui il s'entendra. "

Mais ce qui était plus grave, c'etait que le Nord dont les Dominicains excitaient les sentiments particularistes *, annonçait dans le Manifeste* du 25

* Voir à l'Appendice la pièce K

* Voir à l'Appendice la pièce L

Avril l'intention de se séparer du reste de la République. — Le drapeau national devait porter une croix blanche sur le bleu comme emblême du nouvel Etat.

La situation était extrêmement critique, et commandait une solution quelconque, mais immédiate. Il fallait prévenir Acaau dont l'ambition grandissait chaque jour, et empêcher la scission du Nord, au moment où l'on perdait la Dominicanie.

Pressé de toutes parts, Guerrier se laissa conjurer d'accepter la Présidence. Le morceau fut assez difficile à lui faire avaler, car le bonhomme n'en montrait pas grand goût ; son esprit, quoique bon, était obscurci par l'usage immodéré des liqueurs fortes. On convint de le proclamer pendant une revue des troupes sur la place Pétion. Des cris, partis de la Garde nationale devaient être répétés par les troupes de ligne, au moment où Dumesle, Ministre de la Guerre, inspectait l'armée, réunie en effet sur la place d'armes. Mais son attitude énergique, quoique théâtrale, comprima la manifestation dès les premiers murmures partis des rangs. Cette idée fut abandonnée, et l'on se prit d'une tout autre façon. Des officiers du Nord étaient venus apporter à Guerrier les vœux des populations ; " dans la matinée du 3 Mai, une députation des citoyens de la Capitale se joignit à celle du Nord et se rendit auprès de Guerrier. Là se trouvaient déjà les meneurs, Beaubrun Ardouin en tête. Les scrupules et la modestie du vieux soldat étaient vaincus, " et, à midi, la Garde nationale et l'Armée le proclamaient." *

Le nouveau Président alla au plus pressé : sans tarder, il entreprit de faire reconnaître son autorité aux chefs révolutionnaires qui tenaient campagne dans le Sud, de pacifier le pays, dévoré par la plus épouvantable anarchie. Il se hâta d'envoyer une délégation à la rencontre des forces qui étaient parties des Cayes et de Jérémie, et qui s'avan-

* Lepelletier de St. Remy déjà ctié.

çaient vers le Pont-de-Miragoâne. Jeannot Jean-François, Antoine Pierre et Dugué Zamor se soumirent sans difficulté à son autorité : Salomon père, qui, rendu à la liberté, avait été nommé par Guerrier " Délégué dans l'Arrondissement des Cayes et les lieux circonvoisins pour y ramener l'ordre", rencontra Augustin Cyprien et Dugué Zamor au Pont, à la tête de " l'Armée Souffrante " et leur fit rebrousser chemin pour les Cayes. Les populations, avides de repos, après tant d'agitations, se laissaient aisément rallier au nouvel état de choses. Seul, Acaau refusait de s'y soumettre et se disposait à la résistance. Quand le Délégué arriva près les Cayes, Acaau qui s'était pourtant levé en son nom, braqua ses canons pour s'opposer à son entrée dans la ville, malgré l'autorité dont il était revêtu. Appuyé sur les forces de Zamor et de Cyprien, Salomon rentra aux Cayes. Il commença par libérer toutes les personnes qu'Acaau avait emprisonnées par récrimination ou autrement : il réorganisa les services publics. Guerrier manda Acaau à Port-au-Prince, où il fut passé, après une assez longue détention, par un jugement et condamné. Quant aux trop naïfs campagnards qu'il avait soulevés, on leur distribua quelques grades et des compliments, après quoi ils rentrèrent dans l'ordre.

Ainsi s'évanouit l'éphémère Présidence de Rivière Hérard. Mais le pauvre homme dut vider la coupe d'amertune jusqu'à la dernière goutte. Il ne revit pas sa Capitale. Le nouveau Président lui avait signifié, sans plus de forme, son avénement en l'invitant à attendre des ordres à Azua, où il se trouvait encore. Ce fut bien pis, quand, sur l'injonction menaçante d'Acaau qui tonnait aux Cayes, Rivière reçut notification officielle de sa déchéance du grade de général de division, et l'ordre de quitter le pays. Il montra le plus grand calme au milieu de ses malheurs. L'Armée l'entoura constamment de respect et s'honora par ainsi elle-même.

De son quartier-général d'Azua, Rivière traversa la frontière, gagna la plaine du Cul-de-Sac, et de l'Arcahaie, s'embarqua pour l'exil. Hérard-Dumesle l'avait précédé à bord du navire qui devait les emporter tous deux vers les rives de la Jamaïque.

Le 21 Mai, un décret, les réunissant dans le malheur comme ils l'avaient été naguère dans le triomphe, les bannissait du territoire de la Repuqlique.

CHAPITRE IX

CHAPITRE IX

Le Bilan de la Révolution.
Les causes de son échec.
Conclusion.

Nous avons suivi la Révolution dans sa marche depuis la naissance de l'Opposition parlementaire jusqu'à la chute de ses représentants au pouvoir. C'est maintenant le moment de jeter un regard en arrière, d'embrasser l'ensemble du mouvement et d'essayer d'indiquer les causes d'un triomphe qui devait être si court, et d'un échec dont les conséquences se prolongent à travers plus d'un demi-siècle d'histoire.

L'Etat de choses établi par le pacte de 1816 était devenu à la longue peu en harmonie avec les tendances de la nouvelle génération par suite du développement rapide des lumières.

Comment faire prévaloir le contrôle parlementaire, la critique journalière d'une presse libre sous le régime de la Présidence à vie sans un ministère responsable ? La Constitution avait bien créé un Grand-Juge pour la Direction de la Justice, un Secrétaire d'État pour les Finances, et un Secrétaire-Général qui avait le contre-seing des actes du Président. En réalité, ces personnages, quoique considérables dans l'État, n'étaient que des instruments dociles entre les mains du Président qui pouvait les casser ou maintenir à sa guise. Si Pétion avait pu renvoyer Bonnet et mater le Sénat de 1806, malgré les attributions omnipotentes que cette assemblée alors unique s'était données,

Boyer se trouvait beaucoup plus à l'aise vis-à-vis du Corps législatif tel que l'avait organisé la Révision de 1816.

Le Gouvernement en tant que puissance active, vivante, s'incarnait et se résumait dans la personne du Chef de l'Etat. Les chambres ne pouvaient exercer aucune influence sérieuse sur la marche du pouvoir ; on vit même une fois le Secrétaire d'Etat Imbert refuser de se présenter devant la Chambre des Communes qui l'appelait à sa barre.

Ainsi donc, la responsabilité de ces hauts fonctionnaires, quoique constitutionnellement prévue, était illusoire ; leur conduite consistait à connaître non les vues des Chambres, mais bien celles du Président, et à s'y conformer.

Par là, une réforme libérale dans le sens d'une extension des libertés publiques et de l'initiative et du contrôle parlementaires, comme celle que réclamait la génération d'alors, n'aurait pu aboutir que si elle émanait du pouvoir lui-même, ainsi que Pétion avait donné l'exemple par la Révision de 1816. Avec un peu de prévoyance, de la souplesse, du coup d'œil et de la bonne foi, la Révolution eut pu être évitée. Une telle œuvre n'était pas au-dessous de l'intelligence de Boyer.

Si, en effet, au lieu d'envisager les idées nouvelles avec ce parti-pris aveugle, cette sorte de haine frénétique qu'on lui a vus, Boyer s'était appliqué à les étudier, à les comprendre, il se fut vraisemblablement rendu compte qu'il se trouvait en face d'une transformation sociale, inachevée à la vérité, mais suffisamment accentuée déjà, pour chercher, non à la paralyser par des procédés violents, mais à lui créer de préférence une issue légale.

Toutes ces idées de réformes qui flottaient dans l'air pour ainsi dire, ne laissaient pas que d'être un peu vagues, imprécises, et l'on ne pouvait pas aisément, sans doute, démêler parmi cette agitation de presse et de tribune ce qui en constituait le fonds réél, la substance solide ; mais par cela seul qu'on se trouvait en présence d'un grand mouvement d'opinion, c'était le devoir d'un Chef d'Etat de se faire un compte exact des choses et d'appliquer les solutions indiquées.

Telle ne fut pas malheureusement la marche suivie par Boyer. Gâté par la flatterie, et devenu intraitable par la longue possession d'un pouvoir souverain, il en était arrivé à se croire indispensable non moins qu'infaillible.

Avec cette vivacité brouillonne qui était dans son caractère, il se posa, dès le principe, en adversaire irréductible des tendances nouvelles, et se jeta en travers du chemin pour leur barrer le passage. Et comme il n'a pas pu en tarir en même temps la source, ces idées dont le courant se trouva contrarié, s'accumulèrent en torrent et emportèrent l'imprudent. Mais du coup aussi, l'inondation qui eut fertilisé le sol, si elle avait été réglée, envahit, détruisit tout, dans sa force irrésistible.

On ne prétend pas que tout fut nécessairement mauvais dans le Gouvernement auquel succéda la Révolution victorieuse. Ce serait d'abord injuste, et faire preuve d'une ignorance complète des conditions des œuvres humaines. Si Boyer fut inférieur à son prédécesseur immédiat tant par la largeur des conceptions, par l'entente des nécessités politiques, que par la bonne foi, il valait mieux, à beaucoup d'égards, que la plupart de ceux qui l'ont suivi dans la possession du pouvoir. Son génie terre à terre, méticuleux, manquait absolument d'étendue et de profondeur. Sa conception du gouvernement s'en ressentait : elle fut étroite, autoritaire, absolue. Il administrait la chose publique comme sa chose propre, en propriétaire à qui tout contrôle fait l'effet d'une ingérence étrangère. Il fit toutefois quelques bonnes choses : il n'eut pas le mérite d'avoir accompli les progrès en harmonie avec son temps, mais celui d'avoir assuré une longue stabilité au pays, et d'avoir à peu près complété son organisation administrative et gouvernementale, commencée avec l'Etablissement de la République.

Sous lui, à la suite des évènements de 1820 et 1822, le drapeau national flotta majestueux sur tous les points de l'Ile, et la France, malgré le projet longtemps mûri d'une reprise de possession, dut consacrer finalement l'Indépendance glorieusement réalisée par nos pères. Il a acquis par là des droits sérieux à l'attention de l'Histoire. Mais celle-ci ne peut s'empêcher de constater également que les défauts personnels de ce Chef d'Etat, ses fautes de conduite finirent par ruiner ce qu'il y eut de plus solide, de plus admirable dans son œuvre, ce qui eut établi son principal titre à la reconnaissance de la Postérité.

Oui, par sa résistance inintelligente, aveugle à l'esprit de son temps, par ses tendances absolutistes, par ses coups de force répétés contre la Chambre des Communes, Boyer provoqua la Révolution, et la Révolution, jointe à une administration tracassière, inhabile en Dominicanie, amena la rupture de l'Unité territoriale. Ainsi, se trouva perdue, avec la paix, la plus claire, la plus précieuse conquête de son gouvernement de vingt-cinq années. L'Unité politique de l'Ile était alors, à n'en pas douter, un facteur plus important pour l'avenir du pays que la liberté parlementaire réclamée par les opposants ; mais la politique de Boyer aboutit à ce triste résultat : la perte de l'Unité territoriale et le recul de la liberté.

On serait peut-être tenté, n'était cela, d'excuser, dans une certaine mesure, ses coups de main contre la liberté par rapport à l'œuvre accomplie au dehors et à l'agrandissement territorial de la Patrie, et il est que cette consolation aussi devait être refusée à sa mémoire autant qu'à l'Histoire elle-même.

La chute de Boyer est en effet une leçon de choses qu'on ne saurait trop méditer ! Elle montre qu'un gouvernement qui ne se rajeunit pas par des réformes, qui règle tous ses actes d'après des maximes fausses, qui ne tient aucun compte des besoins de son époque, se condamne nécessairement à périr sous le poids de ses propres fautes. Elle prouve qu'une politique gouvernementale, pour être susceptible de produire de bons résultats, ne saurait se dispenser de mettre un certain accord entre ses actes, les lois positives et les tendances de cette puissance irrésistible qu'on nomme l'Opinion, et que, hors delà, il n'y a qu'incertitude, violence et désordre.

Mais l'échec des Réformateurs de Praslin ne comporte pas moins, d'autre part, un enseignement pour les hommes d'Etat. Il met en pleine lumière le danger des idées radicales ou incomplètes, des innovations précipitées. Il indique que pour réformer, il est nécessaire, tout en tenant compte des besoins nouveaux, de ne pas rompre trop brusquement avec le passé ; que les plus belles révolutions, en formulant des droits et des principes admirables, n'ont pas la puissance de transformer spontanément les habitudes, les traditions et les préjugés qui ont pris place depuis longtemps dans la vie d'un peuple. Il n'y a pas, en effet, jusqu'à l'attachement des partis pour telles ou telles doctrines avouées, qui ne va, au fond, sans une certaine conformité avec des instincts égoïstes, intéressés. Cela est surtout vrai lorsque, dans son ensemble, ce peuple n'est pas encore parvenu à la vie consciente de l'esprit, à une culture intellectuelle profonde, fortement libérale et démocratique.

Là gît la pierre d'achoppement de toutes les révolutions ; elles se trouvent condamnées à avorter ou à se servir de moyens réprouvés pour assurer un triomphe qui n'est souvent rien moins que durable.

Les idées qui enfantèrent la Révolution, une certaine proportion d'utopies mise à part, étaient élevées, belles et généreuses. Héritage de 1789, elles agirent rapidement, du moins dans les régions supérieures, sur un peuple jeune, inflammable, éminemment français par ses tendances et ses origines. Embrassées, propagées avec ardeur par une génération inexpérimentée, avide de nouveautés et de mouvement, elles se heurtèrent dès la première heure aux habitudes invétérées, aux traditions autoritaires qui avaient prévalu dans le gouvernement de l'Etat. Mais elles ne provoquèrent pas moins dans les rangs de la société civile un goût trés prononcé pour la liberté, et l'orientation des esprits vers une nouvelle organisation de la cité politique. Boyer en qui se personnifiait l'ancien système combattit sans discernement les aspirations qui se faisaient jour.

Il succomba, non parce que la nation dans son ensemble se trouva mûre pour toutes ces idées souvent obscures et notoirement abstraites, mais parce que le besoin d'un changement était devenu général après vingt-cinq années d'une administration stationnaire et stérile. La Révolution fut l'œuvre de la portion éclairée de la Nation, d'une brillante Bourgeoisie.

Issue de l'ancienne classe des Affranchis de St. Domingue, dont elle avait gardé les traditions politiques et sociales, cette bourgeoisie était parvenue, trente à quarante ans après l'Indépendance, à un développement intellectuel remarquable, grâce à la grande puissance d'assimilation de la race.

Elle avait continué d'occuper une situation prépondérante dans l'Etat et dans la société, sans s'être toutefois dépouillée d'anciennes préventions, héritage du passé, à l'égard de la masse profonde du peuple. De là, une domination inquiète, incertaine, quoique hautaine ; étroite et souvent maladroite, à ce point qu'elle apparaît à travers l'histoire comme un besoin de sécurité pour cette classe que comme le patronage éclairé, calme et régulier d'un groupe dirigeant conscient de ses devoirs, en pleine possession de son rôle.

Ce fut cette bourgeoisie qui se signala contre Boyer à la tête de l'agitation réformiste et libérale, et qui le renversa à la longue. Mais, faute de courage et d'intelligence politiques, elle ne put pas assurer le triomphe de ses propres idées, et occasionna, par la perturbation ainsi provoquée, les malheurs de la Patrie.

Il est constant, en effet, que les masses proprement dites, emprisonnées dans les liens pesants des besoins matériels, et soigneusement refoulées dans les régions où ne parvenait aucune lumière, se montrèrent indifférentes à tout, longtemps après que la Révolution était devenue une affaire ouverte. Elles assistèrent ahuries à ce grand remue-ménage et Boyer lui-même y chercha des alliés pour terrasser la Révolution naissante.

Cependant, le jour que croula le gouvernement, le peuple, jusque-là passif, et qui avait écouté les théories et les discours des Opposants sans trop les comprendre, se souvint des promesses qu'on lui avait faites et trouva des chefs pour en réclamer la réalisation immédiate. Acaau dira, dans une de ses proclamations : " que dit le cultivateur à qui la " Révolution avait promis la diminution du prix " des marchandises exotiques et l'augmentation de " celui des denrées ? il dit qu'il a été trompé. "

On lui avait appris, à ce peuple, qu'il était libre, que la mauvaise foi, l'incapacité seule du gouvernement l'empêchaient d'être heureux, prospère ; on lui avait répété sur tous les tons que c'était lui le maître, le véritable, l'unique Souverain ; on lui avait même parlé d'un petit nombre de jouisseurs, des privilèges d'une aristocratie *, et on avait annoncé que tout cela allait changer avec le triomphe de la Révolution. Ce langage l'avait séduit à la fin et il était sorti de sa cahute, avec un mélange inquiétant d'espérances et d'appétits, pour se mêler aux agitations de la rue. Quoi d'étonnant qu'il ait voulu profiter à sa manière d'une Révolution qui a été faite en son nom et pour son bonheur ? Et lorsque cette Révolution aura failli à ses engagements, pourquoi ne se comporterait-il pas vis-à-vis des nouveaux détenteurs du pouvoir comme ceux-ci l'avaient fait à l'égard de Boyer ?

La Révolution échoua parce que les espérances, les aspirations, les passions qu'elle avait suscitées et qui ont assuré son triomphe, ne comportaient pas cette possibilité d'une réalisation spontanée. Dès lors, l'heure avait sonné pour elle d'une lutte autrement difficile que celle dont elle venait de triom-

* Voir les proclamations de Rivière Hérard des 10 et 22 Février 1843. Lois et Actes. Supplément au tome VI, pp. 168, 169, 173, 174.

pher ; lutte contre elle-même, contre son esprit et ses tendances ; contre les éléments qu'elle avait déchaînés et qui se retournaient contre elle, et l'accablaient de ses propres armes. Les uns, ceux au profit desquels elle dut directement aboutir, les deux Hérard en tête, voulurent en arrêter l'essor ; mais le reste ne l'entendit pas de cette oreille.

Les forces révolutionnaires se divisèrent. Et, en face des premiers, se dressa une sorte de parti radical qui eut presqu'aussitôt ses représentants dans les Clubs, dans la Presse, à l'Assemblée Constituante, et auquel Rivière essaya d'opposer, avant même son élection à la Présidence, la dictature de fait, appuyée sur ses soldats. Entre ces deux groupes qui provenaient d'une commune origine, le combat s'engagea, violent, âpre et acharné ; mais ni l'un ni l'autre ne devait être vainqueur à la fin. Car, les ennemis secrets de la Révolution, les anciens Boyeristes assistaient, en se réjouissant de tant de fautes, à la ruine d'un état de choses qui leur était odieux, et attendaient en toute sécurité le moment où ils devaient immanquablement se ressaisir du pouvoir. Les deux factions allaient en effet s'entre-déchirer dans une suite de désordres et de représailles. Etrange spectacle que celui d'un peuple jeune, inexpérimenté, qui, après avoir été longtemps courbé sous un régime absolu, se trouve tout-à-coup maître de ses destinées, et livré à l'impétuosité de ses passions et de ses instincts. Plus les parlementaires se montraient hardis et affichaient des doctrines incompatibles avec l'ordre social, plus de leur côté, Rivière et ceux qui le conseillaient, élevaient des prétentions qui ne tendaient qu'à la destruction de la Constitution et des libertés publiques.

Ne se rendant pas compte qu'on se servît contre eux des armes dont ils avaient usé naguère pour renverser Boyer, les chefs du nouveau Gouvernement, Rivière et Dumesle, accusèrent leurs adversaires de mauvaise foi ; et pour vaincre les difficultés qui paralysaient leur marche, et que fut venue compliquer, en dernier ressort, la Révolution dominicaine, on les vit recourir aux procédés despotiques combattus par eux la veille, et dont ils avaient promis la cessation sans retour. Ils perdirent ainsi aux yeux de tous ce que leur avaient valu de longs et de glorieux travaux, et qui avait été précisément la cause de leur élévation. Ils en furent précipités ; ce fut une crise éminemment dangereuse, sans précédent dans notre histoire, et qui eut pu devenir mortelle pour la Nation, si elle se fut prolongée davantage.

Le Pays en sortit ébranlé, et par surcroît diminué. La Dominicanie était là comme une écharde à son flanc, une énorme difficulté avec laquelle il fallait compter désormais, et qui allait peser nécessairement dans la balance de ses destinées.

Il y eut depuis comme un ressort brisé dans le corps social, la rupture d'un équilibre : l'ordre public n'apparut possible qu'au détriment de la liberté d'où était venu apparemment le malheur commun. Et, uniquement préoccupés du maintien de la paix matérielle, les Gouvernements, sous quelque forme qu'ils aient été établis, n'ont pas cessé d'évoluer vers l'absolutisme, en dépit de la séparation juridique des pouvoirs, de l'organisation constitutionnelle de l'Etat. Le progrès des Institutions s'est arrêté par suite de cette hypertrophie croissante de la puissance exécutive qui a fini par annihiler ses contrepoids naturels.

Avant la Révolution, le Gouvernement n'avait pas cessé d'être personnel, despotique ; aucune constitution écrite, si bien liée qu'elle pût être, n'avait pu prévaloir, en fait, contre ses volontés. Le seul tempérament que comportait l'omnipotence du pouvoir venait en réalité non des barrières que lui opposait la loi, mais de la modération réelle ou simulée du chef qui l'occupait. Dessalines, Christophe, Pétion, Boyer, tous chefs de l'Armée, étaient, avec des tempéraments divers, les maîtres incontestés de l'Etat ; ils pouvaient disposer, en toute sécurité, de l'honneur, de la liberté, de la propriété et de la vie de leurs concitoyens. Chacun d'eux était plus fort que la Constitution, parce que tous avaient sous la main la seule force organisée et irrésistible dans l'Etat, l'Armée obéissante et passive. Tel est le grand fait qui domine le passé et explique le présent.

Or, la Révolution se proposa, sans avoir mesuré les difficultés, de mettre en lieu et place de cet arbitraire traditionnel, la justice ; de fonder la liberté où était la servitude ; en un mot de rendre cette chose impersonnelle, la *loi*, plus forte que le Gouvernement, Gouvernement qu'on continuait à asseoir sur la puissance militaire. Tentative disproportionnée, impossible à réaliser en courant, par voie de disposition constitutionnelle ; car il s'agissait en somme de changer le cours de l'histoire, de modifier le pli qu'avait pris le caractère national, façonné au militarisme, à l'idolâtrie de la force par le régime colonial. Tentative d'autant plus chimérique que, sous cette agitation d'idées d'où dérivait la Révolution, les Haïtiens étaient restés ce que les avaient faits de récentes origines : arbitraires, intolérants, ne sachant de la liberté que le nom ; généreux et bons parfois, mais adorateurs fanatiques du sabre, cruels et inhumains à l'occasion. Les meilleurs, les mieux doués essayaient à peine de masquer sous l'hypocrisie des formes la violence et l'arbitraire des procédés. Les Révolutionnaires les plus ardents étaient eux-mêmes dupes de leur libéralisme, et quand ils paraissaient sincères, ils montraient alors une ignorance profonde de l'histoire et des véritables conditions du Gouvernement libre.

Aprés plus d'un demi-siècle, on se prend à sourire involontairement devant les illusions de cette généreuse et brillante, mais infortunée génération. Aussi, rien, presque rien n'a subsisté de sa tentative.

L'Œuvre constitutionnelle qu'elle édifia, on le voit, était née d'une conception à priori, idéale, ne reposant en aucune façon sur la situation réelle des choses. Elaborée au milieu des orages par une Assemblée inexpérimentée, elle n'avait tenu aucun compte du passé, des traditions qui avaient prévalu dans nos mœurs.

Le pays ne possédait pas encore les cadres d'un gouvernement parlementaire ; et les hommes de Praslin, peu familiarisés d'ailleurs avec la complexité des problèmes que soulève l'organisation de l'Etat moderne, éblouis par le prestige de leurs propres idées, n'avaient vu l'ensemble de la Nation qu'à travers le prisme décevant de leurs personnalités, de leurs espérances et de leurs illusions.

Esprit généreux, épris de libéralisme, la politique mesquine, étroitement conservatrice de Boyer les avait jetés, dès la première heure, dans ce radicalisme doctrinaire qui peut bien être l'aliment des oppositions, mais dont le sort constant est de devenir impuissant devant les difficultés pratiques de la politique.

Ils n'avaient point observé, — et ç'a été l'erreur de ceux qui sont venus longtemps après eux — qu'à côté d'un petit nombre qui voulait la liberté parce qu'il en sentait le prix, il y avait l'énorme majorité de la Nation qui, incapable encore de l'apprécier, faute de culture, ne la désirait pas aussi vivement qu'eux-mêmes, la masse profonde du peuple qui, sitôt les crises passées, retournait à sa misère, à son apathie, et redevenait indifférente aux tentatives d'organisation constitutionnelle de l'Etat.

La réaction fut prompte et radicale ; elle renoua la chaîne des traditions un moment rompue, et qui se retrouva le lendemain plus resserrée et plus lourde. De là sortit un régime inouï, plus ombrageux, plus dégradant encore que l'ancien, reposant uniquement sur la force brutale, et à qui sa propre volonté, souveraine en tout, tient lieu de loi et de frein. Sans cesse élevé et détruit par la violence, le pouvoir nouveau resta comme l'apanage de ceux qui possèdent la force, c'est-à-dire des chefs de l'Armée, et par là aussi, quiconque s'en saisit se trouva comme par le passé le maître absolu de l'Etat. Cela s'est fait non par suite d'une préférence théorique pour telle ou telle forme de Gouvernement, mais plutôt par un processus lent, qui s'est développé insidieusement, d'une façon invisible, continue, avec la régularité inflexible d'un phénomène naturel.

Les promoteurs de la Révolution étaient, à n'en pas douter, des patriotes ardents, des amis sincères, sinon expérimentés de la liberté. Ils voulaient réellement des réformes, une *régénération* générale ; mais ayant vécu si longtemps dans l'Opposition, ils n'avaient pas soupçonné, avant d'aborder le pouvoir, les difficultés redoutables d'une telle œuvre. Ils eurent beau se réclamer de 1789, ils n'avaient pas médité l'histoire de cette glorieuse époque ; ils ne s'étaient pas rappelé cette parole de Danton : " malheur à ceux qui provoquent les révolutions, mais malheur aussi à ceux qui les font". Qui peut en effet se flatter de pouvoir longtemps diriger ces forces énormes. incoercibles, faites des passions totales d'un peuple, que sont les révolutions ? Ils en furent écrasés.

Hérard-Dumesle, le chef incontestable du mouvement, ne se montra pas supérieur aux autres dans la conduite des évènements. Tribun, il fit preuve de courage, de ténacité, de dévouement à la liberté. Il semble qu'il eut véritablement l'ambition de fonder le gouvernement parlementaire dans ce pays. Mais dès qu'il se trouva aux prises avec la liberté parlementaire, il n'eut rien de plus pressé que de se servir des vieux procédés de l'absolutisme qu'il avait flétris avec éclat dans l'Opposition. Il en appela à la force brutale des baïonnettes, et ferma l'Assemblée Constituante. Il persécuta, il emprisonna ceux qui tentèrent de le rappeler au respect des principes dont son Gouvernement était issu.

On n'était pas en présence d'un véritable homme d'Etat. Plus épris de liberté que pénétré des lois de l'histoire, trop enclin à se laisser entraîner par son enthousiasme intérieur, éblouir par l'éclat de sa parole fastueuse et les déductions logiques de son esprit, gâté par un philosophisme humanitaire et simpliste, il fut loin d'avoir été préparé pour se mesurer avec la complexité, la grandeur des évènements qu'il avait provoqués.

Quoique parvenu à la soixantaine, cet homme partageait, chose surprenante, d'étranges illusions avec la génération qui avait grandi au sein de cette longue paix qui suivit la mort de Christophe.

Depuis vingt-trois ans, la guerre civile chômait, et les passions semblaient éteintes. La sécurité de l'avenir dut paraître complète de ce coté-là. Les jeunes gens n'avaient point connu, et les vieux avaient oublié les horreurs de l'époque antérieure. Tous les esprits s'ouvraient à l'espérance ; on se disait : l'obstacle écarté, c'est-à-dire Boyer renversé, la liberté, la justice, le progrès allaient se réaliser comme par enchantement. Et lui Dumesle, qui s'était pourtant fait, vingt ans auparavant, l'historien de nos Révolutions, pour écarter Boyer, s'était laissé emporter au-delà du possible, vers des aspirations irréalisables, chimériques. Il ne tint pas compte des éléments incohérents, non encore soudés qui s'agitaient dans la Nation, toujours prêts à produire la confusion et le désordre ; il ne fit pas attention au profond malaise, au défaut d'unité qui subsistait, sous cette apparente uniformité, au fond de l'âme nationale trop portée encore à se briser, dès qu'elle est agitée par le souffle empoisonné des révolutions. De là des préventions fatales, des fautes irréparables.

Egaré par la passion, débordé par les difficultés, son jugement s'obscurcit ; il porta à la liberté, pendant son court passage aux affaires, des coups non moins funestes que ceux de Boyer. Et pourtant il aimait encore cette liberté alors qu'en réalité il avait cessé de lui demeurer fidèle.

Sans doute, Hérard-Dumesle ne parut pas toujours avoir eu une vue bien nette des difficultés du gouvernement libre, et du métier d'homme d'Etat ; il y eut même, par moments, quelque chose de choquant dans son optimisme oratoire, dans cette façon par trop naïve d'étaler des lieux communs sur la marche du progrès et le bonheur des peuples, le tout avec le ton d'un prophète qui croit à sa propre infaillibité. Pourtant il ne faut pas être plus sévère que ne le permet la mesure des choses ; car, c'est un peu le fond de l'art oratoire, et les plus grands orateurs n'y échappent pas toujours.

Sa renommée n'est pas moins la plus haute qu'on ait laissée depuis plus d'un demi-siècle dans nos annales parlementaires. Si nous avons été sévère, notre pensée n'a pas été d'amoindrir cet illustre haïtien, qui eut à son heure, par la puissance de sa parole, par le courage avec lequel il défendait les aspirations et les idées de son temps, les honneurs d'une sorte de dictature persuasive.

Souhaitons pour le relèvement et la gloire du pays que d'autres renommées s'élèvent et viennent effacer la sienne. Mais constatons avec tristesse que la Révolution a échoué dans sa personne tant par suite de certaines fatalités historiques que par ses fautes politiques, et regrettons que la Patrie ait perdu par cet échec la meilleure sinon l'unique occasion d'être libre.

FIN

APPENDICE

PIECE A

RAPPORT AU ROI

Sire ,

Depuis les sinistres événemens qui , en 1791 et 1792, bouleversèrent une de nos plus importantes colonies , et menacèrent toutes les autres d'une destruction générale , l'attention des divers gouvernemens qui se sont succédé n'avait cessé de se porter sur une possession si précieuse et qui était d'un si grand poids dans la balance du commerce de la France.

A l'époque du traité d'Amiens, une expédition formidable se prépara dans nos ports: vingt vaisseaux de ligne, vingt frégates et un grand nombre de vaisseaux de transport y débarquèrent successivement près de 50 000 hommes ; on connaît les résultats déplorables de cette expédition. Je n'en signalerai point ici les causes : quelles que soient les fautes qui furent commises et les conséquences qui en furent la suite , il n'en resta pas moins démontré à tous les gens sages et éclairés , que de toutes les chances que pouvait présenter une expédition de ce genre , celle de la conquête n'était ni la seule, ni peut-être même la plus difficile à obtenir.

Depuis cette époque , les relations avaient été entièrement rompues avec cette colonie : une mort certaine était même réservée à tout Français qui aurait osé s'y introduire.

A l'époque heureuse de la restauration, diverses tentatives furent faites, soit pour renouer avec elle des relations favorables à notre commerce, soit pour assurer à d'anciens propriétaires une indemnité des pertes qu'ils avaient subies, soit enfin pour rattacher par les liens d'une dépendance au moins extérieure, et toute de protection, la colonie à son ancienne métropole.

Ces tentatives n'eurent aucun résultat ; mais il fut facile d'apercevoir, que les anciennes haines s'étaient affaiblies, que de vieux souvenirs s'étaient réveillés, qu'un système plus régulier de gouvernement s'était établi, et que les relations pouvaient se renouer avec des avantages réciproques et mutuellement appréciés.

C'est surtout depuis que la force des événements avait fait tomber le pouvoir entre les mains du président actuel, que ces dispositions avaient été plus remarquées, et qu'un système de protection et d'égards pour le commerce étranger et même pour le commerce français, avait remplacé ces mesures de défiance dans lesquelles l'île avait si longtemps cherché sa sûreté.

Plusieurs expéditions se dirigèrent donc des ports de France sur Saint-Domingue ; mais elles n'y étaient admises que sous un pavillon simulé, et les droits auxquels elles étaient assujéties, étaient doubles de ceux auxquels étaient soumis les navires d'autres nations plus favorisées.

V. M. a pensé, Sire, qu'un pareil état de choses ne pouvait se maintenir plus longtemps ; qu'il fallait ou renoncer à toutes relations avec cette île, ou les établir sur un pied qui fût respectivement avoué, et qu'il importait à la dignité de la couronne que le commerce de France ne fût dans aucun cas obligé de dissimuler son pavillon et d'emprunter des couleurs étrangères.

La sagesse de V. M. avait aussi apprécié ce que la marche progressive des événements pouvait amener de chances nouvelles dans le rapport de l'ancien avec le nouveau-monde, et elle avait marqué elle-même ce point délicat, qui dans les affaires graves et importantes est souvent unique et presque décisif.

V. M. se détermina à rendre l'ordonnance du 17 avril.

Satisfaire aux besoins du commerce français en lui ouvrant un débouché avantageux, assurer une indemnité aux anciens Colons de Saint-Domingue, faire cesser l'état précaire où se trouvaient les habitants de cette île ; tels furent les motifs qui déterminèrent V. M. Ils étaient dignes de son cœur paternel et de la haute protection qu'elle accorde à tous les intérêts du pays.

V. M. m'avait chargé de faire parvenir cette ordonnance au président du gouvernement de Saint-Domingue, comme la dernière condition sous laquelle elle consentirait à renoncer à ses droits de souveraineté, et à accorder à cet état l'indépendance pleine et entière de son gouvernement.

En même temps que V. M. annonçait ces déterminations nobles et généreuses, elle me donnait l'ordre de faire toutes les dispositions nécessaires pour que de pareilles intentions n'eussent pas été manifestées en vain ; et sans douter un instant qu'elles ne fussent reçues avec la reconnaissance qu'elles méritaient, elle avait voulu qu'elles fussent accompagnées de cet appareil de force et de dignité qui convient à tout ce qui émane d'un Roi de France.

D'après les ordres de V. M., M. le baron de Mackau, capitaine de ses vaisseaux et gentilhomme de sa chambre, a été chargé de porter cette ordonnance, et il est parti de Rochefort, le 4 mai dernier, sur la frégate *la Circé*.

Ses instructions lui prescrivaient de se rendre immédiatement à la Martinique, pour s'y concerter avec le lieutenant-général comte Donzelot, gouverneur de cette colonie, et avec M. le contre-amiral Jurien, commandant la station navale de V. M. dans les Antilles.

Le contre-amiral Jurien recevait en même temps l'ordre de rallier tous les bâtiments dépendant de la station, en sorte qu'ils fussent réunis au Fort-Royal, du 1 au 20 juin, et le contre-amiral Grivel, commandant la station navale du Brésil, devait se rendre à la même époque à la Martinique, et s'y réunir à l'escadre du contre-amiral Jurien.

La Médée, partie de France, vers le milieu de mai, recevait la même destination, et arrivait au Fort-Royal le 17 juin.

V. M. m'avait aussi donné l'ordre de tenir en état d'armement complet, et prêtes à appareiller au premier signal, quatre frégates, *l'Amphitrite*, *l'Antigone*, *la Flore* et *la Galathée*, et de mettre en commission, ou en état d'armement provisoire, deux vaisseaux, quatre frégates, et plusieurs bâtiments légers. Il eût suffi de quelques jours pour achever leur armement, et les mettre en état de suivre, au premier ordre, la destination qu'il eût parut convenable de leur donner.

Les ordres de Votre Majesté ont été ponctuellement exécutés, et avec une précision que ne comportent pas toujours des expéditions qui sont subordonnées à tant de causes éventuelles.

L'escadre, réunie sous les ordres de Monsieur le contre-amiral Jurien, à l'époque du 20 Juin, se composait du vaisseau *l'Eylau*, de 80 canons ; du *Jean-Bart*, de 74 ; des frégates *la Vénus* et *la Clorinde*, portant du 24 ; de *la Nymphe*, de *la Thémis*, de *la Magicienne*, de *la Circé*, de *la Médée*, de *la Salamandre*, portant du 18, et de cinq bricks, ou bricks-goëlettes, armés de 16 canons, de 18 et de 24.

M. le baron de Mackau, commandant *la Circé* avait ordre de précéder de quelques jours le départ de l'escadre, qui devait ne se montrer dans les parages du Port-au-Prince, que d'après l'avis qui lui en serait donné.

Cet officier a appareillé de la Martinique, le 23, avec une division composée de la frégate *la Circé*, et des deux bricks *le Rusé* et *la Béarnaise*. Il a paru devant le Port-au-Prince, le 3 Juillet. Le surplus de l'escadre a appareillé le 27 juin, du Fort-Royal.

L'accueil que reçut M. le baron de Mackau, fut de nature à lui faire concevoir de justes espérances sur le succès de la mission dont il était chargé.

A peine se fut-il signalé, que deux officiers vinrent à son bord, et qu'un logement convenable lui fut désigné au Port-au-Prince, ainsi qu'aux officiers sous ses ordres.

Des conférences s'ouvrirent de suite entre lui et trois commissaires qui avaient été délégués par le président du gouvernement d'Haïti ; et comme au bout de trois jours, elles n'avaient pas été amenées à un point de solution, elles furent reprises avec le président lui-même, aux intentions conciliantes duquel M. le baron de Mackau se plaît à rendre la plus entière justice.

Ce fut le 8 Juillet, et après quelques discussions prélimininaires qui n'étaient pas sans importance, mais qui furent traitées avec cet esprit de conciliation qui termine les affaires, quand on veut franchement les terminer, que le président écrivit à M. de Mackau : que d'après les explications qui lui avaient été données, et confiant dans la loyauté du Roi, il acceptait, au nom du peuple d'Haïti. l'ordonnance de Votre Majesté, et qu'il allait faire les dispositions nécessaires pour qu'elle fût entérimée au sénat avec la solennité convenable.

Je ne dois pas laisser ignorer à Votre Majesté qu'avant de prendre cette détermination, le président avait cru devoir consulter plusieurs membres du sénat et les principaux officiers de l'île ; que les difficultés qui s'étaient élevées dans la discussion furent mises sous leurs yeux ; que tous déclarèrent s'en remettre à la sagesse du chef de la république ; que la confiance dans la parole et dans les intentions généreuses de Votre Majesté a seule aplani tous les obstacles, et que lorsque M. le baron de Mackau fut introduit du cabinet du président dans la salle où se trouvaient réunis tous les principaux officiers, les cris de *vive le Roi ! vive le Dauphin de France, vive la France !* se firent entendre avec une acclamation unanime, et se mêlèrent aux cris d'indépendance nationale, que l'ordonnance de V. M. venait proclamer et de reconnaître.

Ce fut le 11 juillet que le sénat fut convoqué, pour procéder à l'entérinement de l'ordonnance, d'après les formes prescrites par les lois constitutives du pays.

Ce jour fut un véritable jour de fête pour les

habitants de l'île. La population tout entière s'était réunie dans les places publiques et dans les rues où devait passer le cortège. Une troupe nombreuse de la meilleure tenue formait la haie depuis le rivage jusqu'à la place du sénat. L'escadre avait reçu l'invitation d'entrer dans le port. M. le baron de Mackau, accompagné de MM. les contre-amiraux Jurien et Grivel et des sous-officiers de l'escadre, porta avec l'appareil le plus solennel l'ordonnance de V. M., qui fut saluée à son passage par toute l'artillerie des vaisseaux, à laquelle se mêlèrent les acclamations unanimes de la population. Arrivés au sénat, où ils furent introduits avec les égards et le cérémonial convenables, l'ordonnance fut entérimée en leur présence. Le procès-verbal qui a été dressé de cette séance et le discours du président du sénat au commissaire de V. M., ne laissent aucun doute sur l'unanimité de sentiments avec laquelle elle a été reçue, et sur la profonde reconnaissance qu'elle a fait naître dans tous les cœurs.

C'est aux cris de *vive le Roi de France ! vive son fils bien-aimé !* que la séance fut levée, et qu'une commission de trois membres fut chargée d'en porter l'expédition au président de la république.

Depuis le jour de cette séance jusqu'au 18 juillet, jour où l'escadre est partie, et au 20 Juillet où M. le baron de Mackau a quitté le Port-au-Prince, une suite de fêtes brillantes se sont succédé, et la joie manifestée par la population a prouvé que les intentions bienveillantes de V. M. avaient été senties et appréciées, comme elle avait droit de l'attendre.

M. le baron de Mackau a donné passage à son bord à trois envoyés qui se rendent en France, dans la vue de négocier un emprunt pour satisfaire aux conditions de l'ordonnance.

Sire, ces mêmes sentiments qui s'exhalaient avec tant d'enthousiasme à deux mille lieues de votre capitale, dans une île dont tant d'événement semblaient nous écarter pour toujours, se sont manifestés avec la même expression dans les ports et dans les villes maritimes de votre royaume. Elles ont vu se rouvrir pour elles des sources de prospérité qu'elles croyaient taries. Les anciens Colons, dépourvus depuis si longtemps de ressources , et ne conservant même plus les illusions de l'espérance, éprouveront un soulagement inattendu. Un état fixe et soumis à toutes les règles d'égards et de convenances que la civilisation a introduites parmi les nations, et dont elle a fait la première base du droit public, remplacera cet état précaire qui n'était pas sans danger pour toutes les colonies européennes.

Je ne terminerai pas ce rapport, Sire , sans mettre aux pieds de Votre Majesté l'expression du dévouement du commandant et de tous les officiers de son escadre. Tous ont rivalisé de zèle pour exécuter ponctuellement les ordres de V. M. Les rapports de M. de Mackau , que j'ai mis sous ses yeux , ne lui permettront point de douter, j'ose l'espérer, que cet officier n'ait répondu à la confiance qu'elle lui avait témoignée.

Sa mission, pour me servir de ses propres expressions dans ses conférences avec le président d'Haïti , lui donnait le caractère de soldat et non celui de diplomate ou de négociateur. La franchise de ses explications , entièrement en harmonie avec celle que le président n'a cessé de montrer dès le premier instant, a , je n'en doute pas, aplani beaucoup de difficultés et écarté beauconp d'obstacles. J'oserai le recommander aux bontés de Votre Majesté.

Je suis, avec le plus profond respect, Sire , de Votre Majesté , le très-humble et très-fidèle sujet,

Comte de CHABROL.

PIECE B

Port-au-Prince, le 5 octobre, 1839, an XXXVIe.

Les membres de la Chambre des Représentants des Communes, soussignés, à son Excellence le Président d'Haiti.

Président,

Nous venons vous porter le témoignage authenthique que, ne voulant pas participer à l'œuvre inconstitutionnelle qu'ont tentée quelques-uns des membres qui composent notre Chambre, nous nous en sommes volontairement détachés; car il n'entre pas dans notre pensée de coopérér à aucun acte subversif de l'ordre et de la tranquilité publique, et encore moins de vouloir nous rendre les réformateurs des autres pouvoirs constitutionnels qui deviennent eux-mêmes responsables de leurs actes envers la Nation.

Nous vous présentons donc, Président, notre protestation qui renferme nos motifs, en nous réservant de les expliquer plus amplement au peuple, si le cas y échet.

Nous prions Votre Excellence de ne pas taire ces circonstances à la Nation, et d'ordonner que la publicité de ces pièces ait lieu sous le plus bref délai pour notre garantie légale, tant envers elle qu'envers les autres pouvoirs délégués par l'acte constitutionnel.

Nous avons l'honneur de vous saluer, Président, avec le plus profond dévouement.

(Signé) Jn. DAGUERRE. A KENSCOF fils, MIDOIN, S. ANTOINE, MOYA, Jh. ESSALIENNE, GOURDON, Ignacio-Robert de la TORREZ, Badiau FRANÇOIS, Phanor DUPIN, Fs-Jn. PHILIPPE, Miguel HERRERA, L.-G. LATORTUE, E. PICARD, Matthieu LARRIEU, B. LANGLAS, D. LAMOTTE, Jh. LAROSSOLIERE, Volce PIERRE-LOUIS, ROQUIROL, PIERRE-CHARLES, JOLICŒUR, Ls.-Jn. PIERRE, GUERRIER jeune, FOURON, José VALVERDE, José PINEYRO, Mig. VALVERDE, Antoine RAMIREZ, B. ROBERT aîné, M. DEHAUT.

Les soussignés, membres de la cinquième Chambre législative de la République d'Haïti,

Déclarent sur leurs âmes et consciences, en face de l'univers et de la nation entière, afin de mieux prouver leur entier dévouement à la tranquillité et à la sécurité publique, conformément au vœu exprimé par leurs mandants,

Qu'ayant acquis la certitude que le principe essentiel de toute assemblée délibérante est la liberté de discussion, et que ce principe a été étrangement méconnu par quelques membres de la troisième session de cette législature ; s'étayant d'une faible majorité, ils prétendent imposer leurs opinions et leurs faits au reste de la Chambre.

Ces opinions et ces faits ne pouvant, suivant nos convictions, que produire le malheur de notre chère patrie, nous repoussons cette solidarité que l'on veut nous faire partager.

Nous repoussons des faits contre lesquels nous avons vainement réclamé : nous repoussons des opinions qui ne sont pas les nôtres, et que nous n'avons même pu discuter librement.

Nous déclarons, en outre, à la Nation et à la Chambre, protester contre tout ce qui a été fait à la séance du vendredi 4 du courant : nous déclarons de plus à la Chambre notre détermination de ne plus assister à ses séances, jusqu'à ce qu'elle ait pris une marche plus en harmonie avec nos convictions, et qui nous assure la libre manifestation de nos opinions.

Fait au Port-au-Prince, le 5 octobre 1839, an XXXVI de l'Indépendance.

(*Suivent les mêmes signatures*)

PIECE B*a*

PROTESTATION

Liberté Egalité

République d'Haïti.

Aujourd'hui le deuxième jour du mois d'Avril 1842, an 39e de l'Indépendance d'Haïti, à huit heures du matin.

Nous, soussignés, élus députés à la représentation nationale pour la Sixième Législature par les Communes dont les noms suivent nos signatures, déclarons :

Qu'en acceptant le mandat dont la confiance de nos concitoyens nous a revêtus, nous avons compris que ce mandat nous imposait le devoir impérieux de concourir au bien de la chose publique de concert avec les autres grands pouvoirs de l'Etat, c'est-à-dire que la mission de Député à la représentation nationale, n'est point et ne peut être de former dans le sein du Corps Législatif une opposition systématique, dans le but conçu à l'avance d'entraver la marche des travaux de ce corps et de rompre l'harmonie sans laquelle il lui est impossible d'accomplir l'exercice de ses fonctions; que dans l'exposé de ces principes, nous voyons avec un sentiment pénible la réelection à la sixième Législature des hommes qui, dans le cours de celle expirée, ont cherché à renverser le Gouvernement et la Constitution, et qui ont été pour ce fait éliminés de la Chambre des Communes par décision de la majorité des représentants dans les séances des 5 et 9 octobre 1839.

Que cette réélection ne pouvant que menacer de

nouveau l'ordre public et nos institutions fondamentales, puisque le retour de ces hommes au sein de la représentation nationale doit nécessairement y faire revivre les mêmes principes subversifs, les mêmes projets criminels, la même collision entre les trois grands pouvoirs, les députés à la 6e qui seraient assez oublieux des obligations de leur mandat pour consentir à siéger à côté de ces ennemis déclarés de la chose publique, annonceraient qu'ils en partagent les principes et qu'ils s'associent aux projets formés par eux contre le gouvernement et contre la Constitution.

En conséquence, que pour nous conformer à la volonté de nos commettants, nous protestons formellement devant la Nation contre l'admission à la 6e Législature des hommes éliminés en 1839 par la Chambre des Communes, ajoutant que, si contre notre attente, il était passé outre par les autres députés présentement réunis en cette Capitale, nous entendons nous séparer complètement de ces derniers, ne voulant point forfaire à notre conscience, ni à notre mandat, et que nous nous réservons en ce cas, d'aviser de concert avec le Sénat et le pouvoir éxécutif, aux moyens de sauver la chose publique des malheurs dont elle est menacée.

Pour ces fins, Expédition des présentes déclaration et protestation sera remise à chacun de ces grands pouvoirs et déposée à la Chambre des Communes.

Fait au Port-au-Prince, les jour, mois et an que de l'autre part.

Ainsi signé à l'original :

Le Député de la Commune d'Ennery, Pierre CHARLES.— Le député de la Commune de Mirabelais, Jh. LAFORTUNE — Le député de St. Louis-du-Nord, D. PHILIPPE.— Le député de Jean Rabel, LUCAS fils.— Le député de Plaisance, A. BORNO DELEARD.— Le député de Gros-Morne, MICHEL fils.— Le dépnté de l'Acul-du-Nord, M. BOYER.— Le député de Port-de-Paix, GAIMBERT.—

Le député du Cap, B· TASSY.— Le député de Marmelade, Charles VINCENT. - Le député de la Croix-des-Bouquets, FRERE.— Le député de l'Anse d'Hainault, Antoine PIERRE.—

Pour copie conforme à l'original

Le doyen d'âge

Joseph LAFORTUNE.

PIECE C

PROTESTATION

Nous, Députés réunis en la Capitale en vertu de l'article 69 de la Constitution, pour procéder à la vérification de nos pouvoirs respectifs et exercer nos fonctions législatives, comme le constate notre procès-verbal du 4 Avril de cette année, nous sommes rendus d'abord individuellement au lieu des séances de la Chambre des Représentants des Communes,

Une force armée imposante, placée autour de ce lieu, nous en a refusé l'entrée ; nous nous sommes alors réunis et nous nous y sommes transportés de nouveau *en corps.*

Sur le refus du chef du détachement de nous y laisser pénétrer, nous lui avons dit, la Constitution et nos pouvoirs à la main ; " *Ignorez-vous qui nous sommes ? nous sommes les représentants du peuple haïtien. — C'est précisément aux Députés du peuple que nous devons d'après l'ordre que nous avons reçu. en empêcher l'entrée*, a répondu le commandant du détachement de l'intérieur.

Attendu que l'intervention de la force armée pour nous empêcher d'exercer le mandat sacré qui nous a été confié par nos électeurs, est une criante violation de la Constitution, ce qui ne peut en rien infirmer le vœu de la Nation ; attendu que cette démonstration de la force et de la violence ne saurait en aucune manière ébranler notre résolution de remplir dans toute son intégrité notre mission constitutionnelle ; pour la garantie des droits et de la liberté du peuple haïtien, pour sauver enfin les principes des envahissements qui les menacent, nous déclarons, à la face de la Nation, et sur les mânes des Héros morts pour la liberté, protester solennellement contre cette expulsion brutale qui nous ferme l'entrée de la Chambre.

Nous protestons encore contre tous actes, toutes déterminations, toutes mesures généralement quelconques qui pourraient avoir lieu sans notre participation, soumettant notre conduite au jugement du pays et du monde civilisé.

Au Port-au-Prince, le 7 Avril 1842, An 39e de l'Indépendance.

Dorsainville Dautant, D. Lespinasse, A. Ponthieux fils, Bazin Cadet, M. Marcano, Laudun, Mercier, T. Déjoie, Devers fils, L. Tabuteau, Hérard-Dumesle, Sannon Jn. Baptiste, Covin aîné, Ls. Richiez, Ed. Lochard, E. Lartigue, D. Benoit, Gautreau, Ls. Normil Dubois, E. Nau.

PIECE D

Les Représentants des Communes soussignés au Président d'Haïti.

Président,

Notre ardent désir de concourir au bien public nous fait persister dans la pensée d'écarter par la voie de la raison, les obstacles qui entravent l'exercice de nos fonctions de représentants.

Forts de cette pensée, nous nous sommes décidés à protester contre les actes de violence qui nous ont fermé les portes de la Chambre des Communes.

Nous nous adressons à vous comme Chef du pouvoir Exécutif pour vous conjurer au nom de la Patrie, de faire évacuer cette force armée qui occupe les avenues du lieu de nos séances et qui ce matin nous en a refusé l'entrée.

Nous avons l'honneur de vous saluer avec la plus haute considération.

D. Dautant, A. Ponthieux fils, Bazin Cadet, M. Marcano, Laudun, D. Lespinasse, Devers fils, Mercier, T. Déjoie, Hérard-Dumesle, L. Tabuteau, Sannon Jn. Baptiste, Ls. Richiez, Covin aîné, E. Lartigue, D. Benoit, Ed. Lochard, Gautreau fils, E. Nau, Ls. Normil Dubois, Damier, L. Dufaut, G. Manigat.

PIECE E

Liberté. Egalité

République d'Haïti

Chambre des Communes

Le Président de la Chambre des Communes,

Au Président d'Haïti.

(11 Avril)

Président,

Les Représentants des Communes, réunis dans le local des séances de la Chambre le 9 de ce mois, m'ayant élevé à la Présidence de la Chambre, je m'y suis transporté ce matin pour donner suite à ses opérations si contrariées par les affligeantes circonstances qui, jusqu'à samedi, avaient empêché la réunion des Députés. L'officier de garde m'a dit qu'il n'avait point reçu de consigne qui le mit sous les ordres de la Chambre.

Président, persuadé du désir que vous éprouverez d'établir l'harmonie entre les pouvoirs et de voir les affaires publiques reprendre leur marche, je viens vous signaler cette cruelle infraction de tous les principes, de toutes les lois, cette mesure qui ne tend rien moins qu'à annihiler la Chambre.

J'ai été témoin d'un fait qui ne me laisse plus que penser du mandat dont je suis revêtu par ma Commune et par la Chambre elle-même.

Le Député Benoit de Santo-Domingo, convoqué ainsi que les autres membres de la Chambre par une circulaire du Président, n'a pu y pénétrer ;

les officiers de garde lui en ont refusé l'accès et ont persisté dans leur refus malgré l'invitation contraire du Président de la Chambre.

Président, au nom de la Patrie, au nom de la Constitution, au nom de la Paix publique, au nom des devoirs qui sont imposés au Président de la Chambre, je vous conjure, comme Chef du pouvoir Exécutif, de fixer les représentants du peuple sur leur position, pour que chacun d'eux, fort de son patriotisme, puisse au moins rendre compte à sa Commune du mandat qui lui a été confié.

Président, j'aime à croire que vous aurez égard aux volontés de la loi et de la Constitution et que vous ordonnerez que la Garde soit mise à la disposition du Président de la Chambre, seul habile à faire sa police.

J'ai l'honneur de vous saluer avec une haute considération,

Le Président de la Chambre

LAUDUN

PIECE F

PROTESTATION

Extrait :

Nous protestons contre eux (les autres membres de la Chambre) 1° pour avoir méconnu et foulé aux pieds les principes constitutionnels desquels émanent tous les pouvoirs de l'Etat ; 2° pour avoir, par cet acte contraire à l'essence du Gouvernement républicain, détruit les garanties assurées à la Représentation nationale, et aliéné son Indépendance : 3° pour avoir légitimé l'abus de la force et s'être fait l'organe de ceux qui ont mis en doute que la Constitution fût une vérité ; 4° pour avoir tenu des conciliabules en dehors de la Chambre, dans lesquels, effrayant et flattant tour à tour les espérances de quelques députés jusqu'alors consciencieux, ils les subjuguèrent, et, se formant ainsi une majorité, ils arrêtèrent les projets qu'ils ont exécutés contre les élus de la Nation et les vérités qu'ils soutiennent ; 5° Nous protestons contre eux pour s'être soulevés contre les principes qui constituent l'existence civile, morale et politique de la Nation, et sans lesquels il ne peut exister ni droits, ni devoirs, ni liberté, ni égalité, ni République, ni sécuriré, ni ordre social ; et pour la conservation des droits et des interêts du peuple haïtien et pour garantir l'intégrité de la portion de souveraineté attribuée à nos électeurs que l'ostracisme dont nous sommes les victimes réduit à l'inertie, nous protestons contre toute délibération et autres actes de la Chambre qui se sont faits et se feront sans notre participation comme organe et expression des vœux et des besoins de nos Commettants ; appelons au surplus à l'opinion publique de cette violence qui nous prive de la faculté de remplir l'honorable mission qui nous est confiée, et nos électeurs, de l'exercice de leurs droits.

Port-au-Prince 11 Avril 1842, An 39e de l'Indépendance d'Haïti.

Laudun, Hérard-Dumesle, Benoit, Desrouillère, Lapaquerie, E. Lartigue, D. Dautant, Tabuteau.

PIECE H

APPEL

Des citoyens des Cayes à leurs concitoyens.

Très chers Concitoyens,

Nos pères, en versant leur sang pour la revendication de nos droits, en chassant de cette terre les tyrans qui la désolaient, ont voulu que nous fussions libres et égaux, heureux et forts. Ils nous ont légué leur haine à la tyrannie, leur amour pour la liberté et leur dévouement à la patrie ; ils nous ont transmis leur courage, le mépris de la vie dans les grandes circonstances.

Chez l'haïtien toutes les affections doivent s'éteindre, tous les intérêts se taire, toutes les animosités s'appaiser, toutes les divergences d'opinion s'effacer, quand il s'agit du salut de la patrie.

Qu'avons-nous fait jusqu'à présent pour consolider, agrandir et perfectionner l'édifice que nos devanciers ont si péniblement élevé ? Dans quel état se trouve aujourd'hui le pays qu'ils ont conquis pour nous ? Qu'avons-nous fait de tant de beaux exemples qu'ils nous ont laissés ? Ces hommes généreux, dévoués, purs, qui faisaient notre gloire, ont-ils trouvé un grand nombre de successeurs ? L'ambition, la cupidité, l'hypocrisie, la fourberie, la bassesse, la délation, l'égoisme, n'ont-ils pas remplacé toutes ces vertus qui honoraient nos prédécesseurs ? Quelle est la cause de ce déplorable état de choses ? d'où vient notre hideuse misère ? D'où vient le dépérissement de toutes les parties de l'administration ?

Une réponse unique se fait entendre de toutes parts. Ce sont nos vicieuses institutions ; le mal vient des défauts de notre constitution ; des dispositions imprudentes de notre pacte social, où l'on a oublié, presque partout, que le peuple est souverain, où ses droits les plus sacrés ont été aliénés ; de l'imprévoyance de nos constitutionnels, qui ont confié au sénat et au premier magistrat de la République, des pouvoirs si grands, si étendus, si absolus, qu'ils semblaient croire l'humanité incorruptible et infaillible. Sous l'influence de notre constitution vicieuse, il a été impossible de réformer les abus les plus criants, il a été impossible d'appliquer aucun remède salutaire à la dépravation générale.

Voyez, très-chers concitoyens, comment les vices de cette constitution ont été exploités par les ennemis des libertés publiques ! .... Les trois pouvoirs à la fois, mettant en œuvre toutes les ressources insidieuses d'un despotisme hypocrite, alors qu'ils ne cessent de parler de principes, de bonheur général, de salut public, ont trouvé le moyen de fouler aux pieds les droits les plus sacrés du peuple, de nous enlever nos libertés une à une, et de réduire le pays à un horrible état d'abrutissement. Démoraliser les citoyens, les réduire à la plus affreuse misère pour mieux les asservir : telle est la tendance bien prononcée de ceux qui sont à la tête des affaires gouvernementales ; tel est le but vers lequel le despotisme marche chaque jour à grands pas.

Mais arrêtons nos yeux sur les funestes effets de notre mauvaise foi fondamentale, et sur les mesures arbitraires et révoltantes d'une administration de vingt-quatre années qui pèse sur le pays.

Voyez cette Haïti nécessairement et naturellement agricole ! Voyez quels sont les faibles produits qu'elle arrache à la terre ! L'agriculture et l'industrie ne recevant le moindre encouragement, faut-il s'étonner que ces deux sources de la prospérité des nations, se trouvent taries chez nous ? Existe-t-il une police pour protéger les jardins de l'agriculteur laborieux, et pour sévir contre le vagabond qui porte atteinte à sa propriété ? Le travail des champs, ne trouvant aucun appui dans une bonne police contre les voleurs et les fainéants, se réduit à presque rien. Quelle que soit l'activité et quelles que soient les peines des cultivateurs, ils n'obtiennent que de faibles résultats, et sont presque toujours trompés dans leurs espérances. De là, l'amoindrissement de nos produits agricoles ; de là, la cause principale, première, inévitable de cette misère générale et hideuse ; de là, le servilisme où se trouvent plongés les haïtiens. Car si l'agriculture était dans un état prospère, le peuple eût été plus heureux, plus éclairé, plus civilisé, et, par conséquence, plus indépendant ; il eût pu, depuis longtemps, briser le joug avilissant sous lequel il courbe avec une patience si désespérante. Dans ce siècle de lumières, de progrès et d'utiles découvertes, n'est-il pas honteux de rencontrer si arriérée cette Haïti favorisée de la nature ! Pour donner le coup de mort à l'agriculture, on a rédigé un code rural absurde et inéxécutable. On a présenté à nos frères du continent et des îles de l'Amérique, qui eussent été disposés à cohabiter avec nous, des dispositions législatives si révoltantes pour les laboureurs, qu'on les a éloignés de notre pays, que l'on a forcé de nous quitter même ceux qui étaient déjà chez nous. Des lois injustes sur l'agriculture, des mesures vexatoires et si répulsives de toute migration, ont réduit les hommes de la race noire à endurer les préjugés de leurs ennemis plutôt qu'à rester parmi nous.

L'instruction publique, ce véhicule du bonheur et de la force morale des peuples, ce principe vital et nécessaire aux nations, est nulle, ou presque nulle en Haïti ; elle y est privée d'appui, d'encouragement, de stimulation. L'absence des lumières, de l'enseignement, de protection au mérite et aux talents, est surtout ce qui rend Haïti stationnaire. Ce n'est, pourtant, que par la propagation des sciences et des arts, que les hommes puissent éprouver les besoins et les désirs des sociétés civilisées ;

ce n'est que l'éducation qui puisse inspirer la nécessité et l'amour du travail. Chez un peuple libre, où la force brutale ne saurait être employée pour porter au bien, il faut faire entendre la voix de la raison, il faut montrer le flambeau de la civilisation. Voyez cette jeunesse, si avide de s'instruire, comme elle végète sans recevoir des secours du gouvernement ! Voyez comment périssent ses heureuses dispositions, et, pourtant, cette jeunesse n'est-elle pas l'espoir de la patrie ? N'est-ce pas elle qui doit transmettre aux générations futures, le dépôt que nous ont confié nos ancêtres ! Et comment s'acquittera-t-elle de cette mission sacrée, si le culte des vertus ne viennent à son aide ?

Des impôts ont été votés : mais d'une telle manière que c'est surtout la classe indigente qui s'en est ressentie. Par suite d'une mauvaise et bizarre administration et la continuation de dépenses inutiles, ces subsides, quoique pesants, n'ont jamais pu suffire à niveler le chiffre de la dette de l'état. Au contraire, l'émission de plusieurs millions de papier-monnaie, cancer qui dévore le présent et qui menace l'avenir, offre la triste et cruelle certitude d'une banqueroute générale, d'une horrible banqueroute, dont les symptômes portent déjà la mort au pays ....

Si nous jetons un coup d'œil sur le personnel de l'administration publique, nous verrons la plupart des emplois, tant civils que militaires, occupés par des sujets incapables, immoraux, déconsidérés, qui n'ont su y arriver que par la flatterie, la délation, l'intrigue ou l'importunité ; tandis que des citoyens patriotes, éclairés, consciencieux, vertueux, couverts de titres, connus par d'éminents services, parfaitement aptes, restent dans l'oubli, demeurent dans l'inactivité, s'ils ne sont persécutés. Quand le hasard en laisse quelques-uns dans les fonctions du gouvernement, on les enchaîne, on les bâillonne, on les met dans l'impuissance de faire aucun bien. Vous avez eu à gémir, naguère encore, de ces injustes et nombreuses destitutions prononcées contre des employés intègres et méritants, par cela seul qu'à cause de leurs lumières et de la noblesse de leurs opinions, ils se trouvaient plus à portée de reconnaître les actes arbitraires du pouvoir, plus à même de souffrir de ses écarts.

La liberté de la presse, ce palladium de toutes les libertés, n'existe plus de fait ; car les tribunaux ont perdu leur indépendance. Le peuple est trompé sur la manipulation de ses affaires ; on lui débite sans honte les plus affreux mensonges ; des citoyens respectables sont calomniés et vilipendés par des écrivains subventionnés ; le pouvoir lui-même lance ses calomnies et ses outrages ; et la légitime défense, par la voie de la presse, est devenue illusoire : l'on ne peut repousser les attaques dont on a été l'objet, ni publier ses pensées et ses opinions, sans s'exposer à être victime et de l'arbitraire des nouvelles lois liberticides et de l'arbitraire des sentences juridiques. Les Jeffreries et les Fouquier-Thinville sont là pour envoyer à l'échafaud, aux cachots ou à l'exil, ou pour réduire à l'expatriation ceux qui osent se plaindre, ceux qui veulent éclairer leurs concitoyens, ou qui veulent remontrer leurs devoirs aux fonctionnaires. Grâce à la faculté accordée au Chef de l'Etat de nommer même à des fonctions populaires ; grâce à l'expectative donnée aux juges dévoués et serviles d'arriver au sénatoriat ou de passer à des places plus élevées ; grâce à ce nombre de magistrats improvisés et de créatures du Chef, à qui l'on remet la destinée des citoyens, les tribunaux sont devenus les dociles et les premiers instruments du pouvoir. Il les a armés du glaive de ses vengeances. Naguère encore, que de condamnations iniques, criantes, même au mépris de l'inviolabilité des députés du peuple, ont été prodiguées ! Oh ! quand la corruption envahit le sanctuaire de la justice, quand l'oracle qui rend les arrêts criminels devient parjure, tout, absolument tout est perdu ....

Comment tout ne serait-il pas perdu ? Le jury, cette sauvegarde de l'honneur, de la vie et de l'innocence, cette institution qui donne à l'accusé les garanties d'une justice impartiale, libre et indépendante, le jury se trouve aboli dans presque toutes les causes criminelles. Ce n'est plus la vérité que l'on se propose en matière de délits ; c'est la célérité dans les condamnations. Dans les nouvelles lois que le pouvoir exécutif a fait adopter à notre soi-disant Corps législatif, on a oublié les premiers rudiments de la justice criminelle, on a évidemment méconnu que le but des tribunaux et des procédures est principalement de mettre l'innocent à même de se justifier.

Grand Dieu ! en matière de législation, quel renversement de principes, quelle ignorance de la science des lois, quel oubli de l'expérience, quel mépris de tout ce qui a été fait chez les autres nations ! N'avez-vous pas à gémir, n'avez-vous pas lieu d'être honteux, très chers concitoyens, de toutes ces abominables et bizarres lois civiles, qui rompent les relations sociales, qui brisent les liens de la parenté, qui jettent la pertubation sous le toit domestique, qui ravissent l'autorité maritale et la puissance paternelle, qui portent le fatal brandon des dissentions dans les familles ? Cette pertubation, produite dans la société et dans les familles, n'a, toutefois, pour origine, que la vue de quelques intérêts particuliers, des fortunes de quelques personnes privilégiées.

Très chers concitoyens, n'est-ce pas parce que le gouvernement a repoussé de son conseil les hommes patriotes, éclairés, compétents et probes, qu'il a fabriqué et fait adopter au Corps Législatif, l'infernale loi qui établit les droits de douane en monnaie étrangère ? Ce système de monnaie étrangère dans les droits d'importation, en concours avec la circulation générale d'une monnaie nationale, d'une monnaie de valeur tout-à-fait idéale ; ce système, sans procurer aucun avantage au trésor, a écrasé les masses, a tué le peuple au profit des capitalistes ; il n'a fait que faciliter la fortune des spéculateurs étrangers.

Vous, nos très chers concitoyens, qui composez la Garde nationale soldée, vous savez que vous avez toutes nos sympathies. Nous souffrons avec vous, nous partageons les injustices et les privations qui vous accablent. Nous concevons qu'il vous faut un traitement fixe et des rations régulières. N'est-il pas juste que vous parveniez aux grades élevés par le mérite et l'ancienneté, et non par la faveur et la protection, comme vous le voyez ? Astreints à un service actif et pénible, vous avez droit à une paye plus forte et qui vous soit comptée tous les mois, comme celle de tous les autres salariés de l'Etat. Votre solde et votre avancement ne doivent point dépendre des volontés, du caprice, ou du bon plaisir de celui qui commande.

Ne sont-ce pas des taches ineffaçables pour la Nation haïtienne, pour ce peuple qui a répandu tout son sang, qui a incendié ses villes et ses manufactures, qui a ravagé ses champs de fond en comble, pour cette Haïti qui a même immolé ses propres enfants, dans la conquête de la liberté, dans la consécration du grand principe de la souveraineté du peuple ; ne sont-ce pas de profonds stigmates pour elle, ces violations, quatre fois commises, à l'égard de nos plus précieuses, de nos plus chères institutions ? La représentation nationale, le sanctuaire des lois, l'asile des organes de la volonté du peuple, n'a-t-elle pas été plusieurs fois souillée par la force matérielle ?

Le bannissement de notre parlement, à quatre fois, des députés les plus patriotes, les plus judicieux, les plus libéraux et les plus courageux, à la suite des orgies politiques d'une majorité lâche, ignare, soudoyée par le pouvoir, est une page de notre histoire qu'il faut déchirer ! ...

C'est durant l'ostracisme lancé contre les tribuns capables, qu'ont été rendues toutes ces lois injustes, inconstitutionnelles, atroces, absurdes, ridicules, incohérentes, inéxécutables. C'est durant ces sessions du vandalisme que tant de libertés ont été capturées ....

Détournons nos regards du président Boyer ; fixons-les plutôt sur les grands intérêts de la Patrie : il ne s'agit en ce moment que des principes. Dans la balance de la chose publique, un homme n'est rien. Sans doute ce sont nos défectueuses institutions qui l'on fait ce qu'il est. Il sera par l'histoire attaché au pilori de l'infamie, ce chef dont le règne de vingt-quatre années a détruit les nobles travaux de nos aïeux, qui nous a ravi toutes nos libertés, sans exception ; ce chef qui s'est gorgé de richesses et qui en a gorgé ses favoris, qui ne fait rien que pour ses satellites ; dont la politique n'a jamais été que de se maintenir au pouvoir, en sacrifiant l'intérêt général, en pratiquant un machiavélique *laisser aller*, en divisant les citoyens : ce chef qui s'est montré constamment l'ennemi acharné des progrès, des améliorations et de la civilisation, qui a tant de fois porté sa main sacrilège sur l'arche sainte de nos institutions.

Ressaisissons donc, très chers concitoyens, nos droits, qui sont violés, usurpés, trahis. La constitution de 1816, en attribuant au sénat l'initiative et le dépôt de la révision du pacte social, a enlevé au peuple sa souveraineté. En disant qu'il ne pourra être revisé que les articles indiqués par le Sénat, elle a commis une hérésie politique. En rendant juge de la nécessité et de l'opportunité de cette révision, un corps sur lequel le pouvoir exécutif exerce tant d'influence, c'est placer le sort des citoyens entre les mains de ceux qui sont intéressés à les maintenir sous le joug. En ne laissant qu'à une vingtaine de législateurs l'œuvre importante et difficile d'une constitution, c'est exposer la patrie à devenir la victime de l'ignorance ou des machinations d'un petit nombre d'hommes. Ainsi, la majorité de la nation ne se ferait pas entendre ; ce serait une majorité factieuse de l'Assemblée constituante qui comprimerait les généreuses intentions d'une minorité amie des droits des citoyens. L'opinion publique, qui ne peut se manifester que par un grand nombre de représentants ; enfin cette souveraine de toutes les questions, n'aurait plus ni son pouvoir ni son influence. Suivons les errements du Sénat, adoptons la lettre de la Constitution de 1816, et même celle de 1806, il nous adviendra tous les tristes fruits de l'inexpérience, de la corruption ou de l'impéritie d'une petite assemblée.

Or, très chers concitoyens, maintiendrons-nous cette constitution de 1816, ou revendiquerons-nous les droits du peuple, qui sont sacrés, inaliénables, imprescriptibles ?....

Dieu, en nous créant, a voulu que nous fussions libres, afin de remplir dignement les desseins de la providence : la démocratie est de droit divin. Il nous a fait égaux, il n'a point voulu que nous eussions des maîtres ; il nous a dotés d'une âme, notre plus bel attribut, où se fait à chaque instant entendre la voix du devoir, où crie toujours la liberté et l'indépendance.

Vous connaissez les funestes résultats de la constitution de 1816 ; vous connaissez toutes les conséquences mortifères de cette loi fondamentale. En réunissant tous les pouvoirs dans une seule main (du moins par une suite de ses dispositititions), les haïtiens de cette époque, nos confiants prédécesseurs qui croyaient tous les chefs semblables au grand Pétion, ont préparé, sans le vouloir, cet état de choses qui nous assassine ; ils nous ont privés des avantages et des bienfaits d'une bonne démocratie ; ils ont empêché le règne des lumières et comprimé toutes les nobles pensées que fait naître ordinairement l'émulation. Vos constitutionnels ont donné un pouvoir à vie au Premier Magistrat de la Republique. Eh bien ! vous éprouvez maintenant tous les malheureux effets d'une autorité qui tend chaque jour à l'absolutisme ; il arrive dans vos veines les communications délétères de la tyrannie.

Vous avez remarqué, et vous êtes outragés de voir qu'en laissant au président d'Haïti, la présentation des candidats au Sénat, on a réduit presqu'à néant et la puissance de ce corps et celle de la Chambre des Communes. Bien plus, d'après les actes et les faits qui viennent de s'accomplir cette année, on a mis entre les mains du pouvoir exécutif un moyen de colorer ses coups d'état, un moyen de donner un caractère de constitutionalité à ses usurpations.

Anathème ! à jamais anathème ! à ce liberticide sénat, à cet exécrable instrument de la tyrannie, qui a eu l'impudeur et la mauvaise foi de dire que le peuple ne parle point, ne demande point une autre constitution.

Très chers concitoyens, les peuples sont toujours criminels d'abandonner leurs droits. Citoyens, voyez cette Haïti, malheureuse, souffrante, déguénillée, presqu'esclave ; gémissant sous le poids de l'injustice et de l'arbitraire, abrutie sous le régime de l'immoralité !.... Entendez ce peuple, criant de toutes parts que les abus et la douleur sont à leur comble. Voyez vos enfants privés d'instruction, cette nourriture de l'homme civilisé, ce viatique du républicain : voyez-les menacés d'être bientôt les victimes de la tyrannie. Plongez vos regards dans cet avenir si effrayant pour eux, si vous ne les abritez de votre aile paternelle. Entendez ces plaintes, ces lamentations, ces reproches, ces justes reproches de vos épouses, de vos mères, de vos filles, de vos sœurs, qui vous accusent de lâcheté, de pusillanimité, de torpeur.

Ce sont surtout les citoyens des Cayes qui ressentent les suites de la malheureuse et horrible administration actuelle. Des haines particulières, des animosités personnelles, des préventions du Gouvernement ont excité, dans cette partie de la République, un plus grand nombre de mesures vexatoires. L'expérience de nos révolutions n'a point corrigé le pouvoir : il allume des discordes, il joue aux excitations, et c'est aux Cayes qu'apparaissent davantage ses machinations. Il y a commis de nombreuses iniquités ; des résolutions criantes y ont été prises ; des injustices y ont été adoptées ; des actes ayant tout le caractère de la vengeance, y ont paru ; même des lois ont semblé être faites en haine des habitants de cette noble cité.

Puisque donc l'injustice y a produit un esprit de révolution qu'il n'est plus possible d'arrêter, les citoyens des Cayes invitent leurs concitoyens des diverses parties de la République à se joindre à eux afin de changer la constitution, afin d'opérer la régénération d'Haïti; afin d'avoir un meilleur gouvernement, et de fixer dans notre chère et belle patrie le règne de la liberté, de la démocratie, de la morale, de la félicité nationale et des vertus publiques.

Ils appellent à eux tous les citoyens d'Haïti, tous les chauds patriotes, tous les pères de famille qui tiennent au sort de leurs enfants, tous les hommes forts, éclairés et dévoués; ils appellent notre garde nationale créée pour le maintien des institutions populaires; ils appellent tous ces braves qui composent notre armée de ligne, et dans les cœurs desquels sont inculqués l'amour de la patrie et la haine de la tyrannie; notre jeunesse pour qui nous exposons nos vies; ils comptent surtout sur le concours et la protection des vétérans de nos glorieuses révolutions.

Ils adjurent les haïtiens de toutes les diversités d'opinions, de ne consulter que l'intérêt public, l'honneur national; de faire abnégation de soi-même, et de ne faire qu'une seule et même âme politique pour sauver la patrie.

L'heure de la régénération a sonné!.... Exécration et malheur! cent fois exécration et malheur! aux égoïstes, aux lâches, à ces enfants dénaturés d'Haiti, qui auront été insensibles à la voix de la patrie, notre première mère!.... Cent fois exécration et malheur! à ceux qui ne se seront pas ralliés au drapeau de la liberté! Guerre aux ambitieux qui chercheront à perpétuer le régime du despotisme!...

Hélas! sans un autre système d'administration, aurons-nous l'espoir de réparer les maux que nous laissent les fléaux de la nature, les désastres du terrible tremblement de terre du Nord, dont Dieu peut-être nous a frappés en châtiment de nos crimes? Ne nous faut-il pas aujourd'hui plus que jamais asseoir les bases du bonheur général, vivifier l'agriculture, activer le commerce, protéger l'industrie et les arts, propager l'instruction, encourager et favoriser les migrations, enfin augmenter, par tous les moyens, notre population et nos resssources ?

Dieu ne nous a-t-il pas punis justement, nous qui méconnaissons chaque jour, de plus en plus, sa sainte religion ? nous qui abandonnons ses autels, qui oublions les préceptes de l'évangile, qui nous rendons indignes d'avoir été rachetés par le martyre de son Fils ? N'est-ce pas le règne des ténèbres qui perpétue le règne de la perversité et de l'idolâtrie ?....

En demandant le changement de la Constitution, nous ne pouvons nous empêcher d'exprimer le vœu de voir abolir la présidence à vie. Il faut que le pouvoir exécutif sache que les Chefs d'Etat ne sont que les serviteurs du peuple. En renouvelant périodiquement le personnel du gouvernement, on aura rarement à se récrier des inégalités de rang et de fortune. En ne conférant que temporairement la plupart des fonctions publiques, l'union dans les familles sera plus facilement et plus fortement resserrée.

Le pouvoir exécutif à vie, dans les républiques, a souvent servi de marche-pied à l'établissement de la monarchie ; du moins, il laisse certainement la chance des cruelles angoisses, de la longue agonie de la *gérontocratie*

En conséquence, les citoyens des Cayes, forts de l'opinion publique et pressés par les circonstances, communiquent à leurs concitoyens les résolutions ci après :

1° Il sera proclamé un gouvernement provisoire, composé des notabilités, tant dans la magistrature que dans l'armée, et qui sont : les citoyens *Imbert*, *Bonnet*, *Borgella*, *Voltaire* et *Guerrier*. Les haïtiens comptent sur le patriotisme de ces grands citoyens, qui ont si souvent donné des preuves de leur dévouement quand il s'est agi du bien public, pour accepter la haute mission qui leur est déférée par tous les cœurs. Le gouvernement provisoire constitué, l'autorité du pouvoir exécutif, ainsi que celle du Sénat et de la Chambre des Représentants des Communes, cesseront.

2e Le gouvernement provisoire aura tont pouvoir nécessaire pour le maintien de l'ordre et de la tranquilité. Il réorganisera la Garde nationale, dont les officiers seront nommés par la voie de l'élection. Il disposera de la force armée, des emplois, du trésor de l'Etat, etc., etc.

3° Sa principale, son essentielle, sa première mission sera de convoquer et de faire nommer, par la voie du double vote, les membres qui doivent composer l'Assemblée constituante. Ces membres se réuniront dans la Capitale, et ils prépareront, discuteront et arrêteront les divers articles d'une nouvelle constitution.

Le gouvernement provisoire fera tous arrêtés relatifs à la tenue et aux autres détails des Assemblées primaires et électorales. Néanmoins, on désire généralement de voir envoyer à l'Assemblée Constituante : un membre par chaque commune, deux par chefs-lieux d'arrondissement, six par chefs-lieux de département, et douze pour la Capitale. L'Assemblée Constituante ne doit pas être ni trop, ni peu nombreuse.

4° La volonté, le besoin, la condition essentielle du bonheur de la nation haïtienne, c'est d'avoir une constitution des plus démocratiques, qui proclame hautement la souveraineté du peuple et le principe de l'élection temporaire dans la plupart des fonctions publiques.

5° Le gouvernement provisoire aura donc la dictature, jusqu'à la réunion de l'Assemblée Constituante. Cependant ses fonctions dureront jusqu'à la nomination du pouvoir éxécutif : après quoi, elles cesseront.

6° Toutefois, il sera, dès à présent, choisi aux Cayes un citoyen patriote, dont le dévouement est connu, pour diriger l'entreprise par nous provoquée. Il aura le commandement de l'armée et le droit de la réformer, s'il y a lieu ; d'y faire toutes les mutations qu'il jugera convenables.

Sa mission terminée, ce chef rentrera dans la classe des citoyens privés ; sauf ce qui aura pu être décidé à son égard par le gouvernement provisoire ou définitif.

7° Il sera voté des hommages publics aux membres du gouvernement provisoire qui se seront rendus aux vœux de la Nation.

Très chers Concitoyens,

Le triomphe est infaillible, quand on a pour soi la raison et le bon droit ; il suffit de vouloir fortement et avec courage.

Les convictions sont les mêmes partout, les volontés doivent être unanimes. De Samana à la Gonâve, de la Béate à la Tortue, les esprits se sont parlés, ils se sont compris. L'âme ne faillira pas. L'amour de la patrie, cet amour électrique, fera vibrer toutes les cordes dans les cœurs des descendants des Ogé, des Chavannes, des Pétion, des Magny, des Geffrard, des Vancol, des Wagnac, des David Troy, des Juan-Sanchez, de ces illustres fondateurs de notre liberté et de notre indépendance, qui nous regardent du séjour éternel.

Entendons à la fois les accents qui s'échappent des tombeaux de nos pères et les cris qui partent des berceaux de nos enfants !....

Frères et amis ! sur le sol natal, sur le sol de la liberté, l'hydre de l'esclavage ose encore montrer sa tête hideuse, quand, sur le sol étranger, sur le sol de l'esclavage, la race africaine ne rêve la liberté et le bonheur qu'à l'ombre des rameaux du palmier d'Haïti !....

Haïtiens ! la patrie est en danger, son salut est entre nos mains. Unissons nos cœurs, joignons nos bras ; soyons prêts, s'il le faut, à repousser la force par la force.... La victoire, ou le sang des ennemis de notre cause mêlé au sang de ses amis ! ....

La liberté ou la mort ! ...

Fait aux Cayes, le 1er septembre 1842, an 39e de l'Indépendance d'Haiti.

Le Chef d'exécution, C. Hérard aîné.
Le Président du Comité, Hérard-Dumesle.

Les Membres du Comité,

Pilorge, P. U Ledoux, D. Philippe, J. B. Lacroix.

Les Secrétaires rédacteurs,

Laudun , F. R. Lhérisson , Thomas Presse.

Approuvé et adopté en assemblée générale.

(*Suivent nombre de signatures*).

Liberté ou la Mort

AU NOM DES DROITS DE

L'HOMME ET DU CITOYEN

La société des droits de l'homme et du citoyen, réunie en Assemblée générale , a , dans l'intérêt et pour le salut de la chose publique. rendu le décret suivant :

Considérant que le but de nos précédentes réunions est accompli ; que le Manifeste résumé des motifs de l'entreprise qui nous occupe , a été présenté à la société , par le comité chargé de sa rédaction ; a été discuté et adopté à l'unanimité ;

Considérant que . par ce fait, l'objet de la mission du comité est accompli ; l'exécution du plan arrêté étant confié à la prudence, au courage et à l'énergie du chef d'exécution qui, pour réaliser les grands et périlleux desseins de l'association, doit être investi de tous les pouvoirs que comporte la nature d'une mission aussi importante ;

Considérant que, dans l'expectative des évènements qui se préparent, les moyens doivent se mesurer à l'action ; que la concentration du pouvoir doit essentiellement produire l'unité, lier les rapports, réunir en un seul point l'autorité, et donner un centre d'activité aux opérations ;

Considérant que, pour consolider la puissance morale qui a dirigé les vœux et les desseins de l'entreprise, il faut que tous les membres prennent en eux et dans l'association, cette confiance qui, seule, produit les grands résultats ; qu'elle doit reposer sur la solidarité des principes et des opinions des membres entr' eux, puisque le corps ne doit avoir qu'un même esprit, comme il a une même responsabilité ;

Décrète :

Art. 1er Le citoyen Charles Hérard aîné (Rivière) est investi de toute l'autorité exécutive de l'association : l'exercice lui en est pleinement confié jusqu'à parfaite exécution, suivant les dispositions prises et arrêtées dans le Manifeste.

Art. 2. Au chef chargé de diriger l'action, seul, est réservé le droit de combiner ses plans, de mettre à exécution toutes les mesures qu'il jugera convenables pour atteindre le but proposé.

Art. 3. Le chef d'éxécution a exclusivement la faculté de désigner ses lieutenants et ses remplaçants, en cas d'absence ou tout autre circonstance ; de choisir ses secrétaires et les autres agents chargés de transmettre ses ordres.

Art. 4. Chaque membre, avant d'apposer sa signature au bas du présent décret, prêtera, entre les mains du chef d'exécution, le serment suivant :

“ Je jure devant Dieu et devant les hommes,
“ sur ma foi en la patrie, sur mon honneur et ma
“ réputation, d'être fidèle et dévoué à cette associa-
“ tion formée pour le salut et la régénération d'Haïti.
“ Je prends l'engagement de me conformer sticte-

" ment à toutes les dispositions du présent décret ;
" promettant la plus profonde discrétion sur tout
" ce qui pourrait compromettre l'association et met-
" tre en péril son exécution. Je jure de soutenir,
" jusqu'à la dernière goutte de mon sang, les prin-
" cipes qu'elle revendique ; et si je deviens par-
" jure (ce qu'à Dieu ne plaise!), je me soumets à
" toutes les peines et tourments réservés aux par-
" jures ; à être immolé par mes co-associés, et voué
" à l'exécration de toutes les générations haïtien-
" nes. Je jure, de plus, de poursuivre jusqu'au
" trépas les traitres signataires, en un mot tous
" ceux qui auront vu et lu le présent décret et en
" auront révélé le plan, dénoncé les membres, soit
" par làcheté, perversité, bassesse d'âme, ou égo-
" ïsme, ou même par indiscrétion. "

Délibéré en Assemblée générale, aux Cayes, sous le sceau de l'honneur et du dévouement à la Patrie, ce 21 Novembre 1842, an 39e de l'Indépendance d'Haïti.

Le Président de la Société,

Hérard-Dumesle

Au nom de l'honneur j'accepte

C. Hérard aîné,

Signé : Laudun, F. R. Lhérisson, Thomas Presse, Pilorge, P. M. Ledoux, D. Philippe, J. B. Lacroix, Bedouet, Franklin, David St. Preux.

PIECE I

Liberté — Egalité

République d'Haïti

Aujourd'hui, 6 Mars 1843 à 5 heures de l'après-midi.

Les Chefs de l'armée réunie en cette ville, convoqués par le général de division, Commandant l'arrondissement des Cayes et provisoirement le Département du Sud, se sont réunis chez le dit général;

Après avoir pris connaissance de la situation actuelle des choses, déclarent maintenant que voulant éviter de verser un sang inutile, et les maux qui résulteraient pour le pays d'une lutte acharnée, ils se décident à la paix sous la condition expresse *de la garantie des propriétés et des personnes sans distinction.*

Ils se remettent d'ailleurs à la sagesse et à la prudence du général Borgella pour les mesures à prendre afin de parvenir au but désiré.

Présents : les généraux Borgella, Riché, Solages, Souffrant, Colin et Lelièvre; les colonels Bélanton, Chardavoine, Toureaux, P. St. Dic, Désiré, P. O. Déronceray et J. Pierre; les chefs de bataillon C. Ardouin, Administrateur principal et A. Fettière.

Liberté Egalité
République d'Haïti

Aux Cayes, le 8 mars 1843, an 40e de l'Indépendance ,

Jérome-Maximilien BORGELLA

Général de division, Commandant l'Arrondissement des Cayes et provisoirement le Département du Sud.

Aprés avoir pris connaissance du Manifeste contenant les réclamations du peuple, déclare l'accepter, et propose aux chefs de l'armée qui s'avance une fusion , un renouvellement de fraternité aux conditions suivantes : *respect pour les propriétés et les personnes*, que nulle vengeance ne soit faite au profit des haines particulières ; que personne ne soit recherché ni incriminé pour ce qu'il a dit ou écrit durant ou avant ces temps de troubles ; que chacun conserve son libre arbitre , c'est-à-dire la faculté de prendre part aux évènements ou de se retirer ; enfin que toutes les troupes de l'Ouest qui sont actuellement en ville puissent s'en retourner dans leurs foyers.

Le général répète qu'il se soumet aux volontés du peuple , parce qu'il ne voudrait point qu'il eût une seule goutte de sang versée.

Son patriotisme et son amour de ses concitoyens le lui commandent. Ainsi que sa première condition soit acceptée et religieusement observée : *respect pour les propriétés et les familles.*

Le Colonel Chardavoine , assité des Députés de la ville , est chagé d'apporter la présente déclaration.

BORGELLA

Liberté ou la Mort.

République Haytienne,

Au nom du peuple souverain

LE CHEF D'EXECUTION

De la volonté du peuple souverain et de ses résolutions,

Après avoir consulté le giron des Comités populaires, et les propositions insérées dans la lettre du général demandant un mur examen, a décidé d'ajourner la réponse à demain matin.

Salut en la Patrie

C. HERARD aîné.

Certifié par le Président et les membres du giron.

Hérard-Dumesle, Laudun, Bedouet.

PIECE I*a*

MANIFESTE

DES HABITANTS DE LA PARTIE EST DE L'ILE CI-DEVANT ESPAGNOLE OU SAINT-DOMINGUE, SUR LES CAUSES DE LEUR SÉPARATION DE LA RÉPUBLIQUE HAÏTIENNE.

La déférence et le respect que l'on doit à l'opinion de tous les hommes, et à celle des nations civilisées commandent que lorsqu'un pays qui s'était uni à un autre, veut reprendre et revendiquer ses droits et rompant ses liens politiques, il déclare avec franchise et bonne foi les motifs qui ont pu l'y porter, afin que l'on ne pense pas qu'il ait été mû par un esprit de nouveauté et d'ambition. Nous pensons avoir démontré par notre constance héroïque, que l'on doit supporter les maux de la part d'un gouvernement, tant qu'ils sont supportables, plutôt que d'en faire justice et de s'y soustraire. Mais quand une longue suite d'injustices, de violences et de vexations finissent par prouver l'intention de tout réduire au désespoir et à la plus absolue tyrannie, c'est alors un droit sacré pour les peuples, et même un devoir, de secouer le joug d'un semblable gouvernement, et de pourvoir à de nouvelles garanties qui leur assurent leur stabilité et leur prospérité à venir.

" Par la raison que les hommes ne se sont réunis en société que dans le seul but de travailler à leur conservation, qu'ils ont reçu de la nature le droit de proposer les moyens, et de les rechercher, afin d'obtenir ce résultat ; par cette même raison, ces principes les autorisent à se mettre en garde, à se prémunir contre tout ce qui peut leur arracher ce droit, lorsque la société se trouve menacée. — Voilà pourquoi les habitants de la partie Est de l'île ci-devant espagnole ou Saint-Domingue, usant de leurs droits, poussés qu'ils ont été par vingt-deux années d'oppression, entendant de toutes parts les plaintes de la patrie, ont pris la ferme résolution de se séparer pour toujours de la république haïtienne, et de se constituer en un Etat libre et souverain.

“ Il y a vingt-deux ans que le peuple dominicain, par une fatalité du sort, subit l'oppression la plus ignominieuse : soit que cet état de dégradation ait dépendu de son véritable intérêt, soit qu'il se soit laissé entrainer par le torrent des passions individuelles, le fait est qu'on lui a imposé un joug plus pesant et plus dégradant que celui de son ancienne métropole. — Voilà vingt-deux ans que le peuple, privé de tous ses droits, s'est vu violemment deshérité de tous les bienfaits auxquels il aurait dû participer, s'il avait été considére comme faisant partie intégrante de la république. Et peu s'en est fallu qu'on ne lui eût oté jusqu'au désir de se soustraire à un si humiliant esclavage ! Lorsqu'en février 1822, la partie orientale de l'île, ne cédant qu'à la force des circonstances, consentit à recevoir l'armée du général Boyer, qui, comme ami, dépassa les limites de l'une et de l'autre partie, les Espagnols dominicains ne purent croire qu'avec une perfidie aussi dissimulée, il eut pu manquer aux promesses qui lui servirent de prétexte pour occuper le pays, et sans lesquelles il aurait eu à vaincre des difficultés, et même à marcher sur nos cadavres, si le sort l'eût favorisé.

“ Pas un Dominicain ne le reçut alors sans lui donner des témoignages de sympathie. Partout où il passait, le peuple allait à sa rencontre ; il croyait trouver en celui qui venait de recevoir dans le Nord le titre de pacificateur, la protection qu'il lui avait promise d'une manière si hypocrite ; mais bientôt, pénétrant le voile qui cachait ses pernicieux desseins, l'on ne tarda pas à découvrir que l'on s'était livré à un oppresseur, à un tyran féroce ! .... Avec lui est entré à Santo-Domingo la réunion des vices et de tous les désordres, la perfidie, la délation, la division, la calomnie, la violence, l'usurpation et les haines personnelles, jusqu'alors peu connues chez ce bon peuple ! .... Ses décrets et ses dispositions furent les principes de la discorde et le signal de la destruction. Au moyen de son système désorganisateur et machiavélique, il contraignit à s'émigrer les familles les plus respectables, et avec elles disparurent du sol, les talents, les richesses, le commerce et l'agriculture. Il éloigna de son conseil. et des principaux emplois, les hommes qui auraient pu défendre les droits de leurs concitoyens ; qui auraient pu proposer le remède à leurs maux, et faire connaître les vrais besoins du pays ; au mépris de tous les principes du droit public et des gens, il réduisit beaucoup de familles à la misère et à l'indigence, en leur arrachant leurs propriétés pour les réunir au domaine de la république, pour les donner à des individus de la partie occidentale, ou les leur vendre à vil prix ; il désola les campagnes et détruisit l'agriculture et le commerce ; il dépouilla les églises de leurs richesses, maltraita et humilia les ministres de la religion ; il leur enleva leurs rentes et leurs droits, et, par sa négligence, il laissa tomber en ruine les édifices publics, pour que ses lieutenants profitassent des débris, et qu'ainsi ils pussent assouvir l'avarice qu'ils apportaient avec eux de l'Occident.

" Plus tard, pour donner à ces injustices les apparences de la légalité, il édicta une loi pour faire entrer au domaine de l'Etat les biens des absents, dont les frères et les parents sont jusqu'aujourd'hui plongés dans la plus affreuse misère. Cette mesure ne satisfaisant point son avarice, il porta encore une main sacrilège sur les propriétés des enfants de l'Est, et autorisa le vol et la fraude par la loi du 8 Juillet 1824 ; il prohiba la communauté des terres communales qui, en vertu des conventions, et pour l'utilité et les besoins de famille, avait été ainsi maintenue dès la découverte de l'île, et cela pour en faire profiter l'Etat ; par là, il a fini par ruiner les hattes, et par appauvrir un grand nombre de pères de famille ; il lui importait peu de tout ruiner, de tout détruire ! Tel était l'objet de son insatiable avarice ! Fécond à inventer les moyens qui devaient consommer l'œuvre de notre ruine, et réduire tout à rien, il imagina un système monétaire qui, insensiblement et par degrés, a réduit les familles, les employés, les commerçants et la majorité des habitants à la plus grande misère. C'est avec de semblables vues que le gouvernement haïtien propagea ses principes corrupteurs, par l'influence de sa politique infernale. Il déchaina les passions, suscita l'esprit de parti, il forgea ses plans destructeurs, il établit l'espionnage, introduisit la zizanie et la discorde jusque dans les foyers domestiques .... Si un Espagnol osait se prononcer contre l'oppression et la tyrannie, il était dénoncé comme suspect, entraîné dans les cachots, et plusieurs enduraient souvent le supplice pour effrayer les autres, et faire périr avec eux les sentiments que nous avaient légués nos pères ; tourmentée, persécutée, la patrie ne trouva d'autre contre la tyrannie que dans le sein d'une jeunesse affligée, et en quelques âmes pures, qui surent concentrer leurs principes sacrés pour en laisser la propagande en des temps plus opportuns, et rendre l'énergie à ceux qui se trouvaient dans l'abattement et la stupeur.

" Pendant les vingt et une années que dura l'administration perversive de Boyer, les habitants de l'Est eurent à souffrir toute espèce de maux et de privations que l'on ne saurait énumérer ; il traita ses habitants plus durement qu'un peuple conquis par la force ; il les persécuta, et en retira tout ce qui pouvait assouvir son avarice et celle des siens ; il les asservit au nom de la liberté ; il les contraignit à payer une dette qu'ils n'avaient point contractée, comme les habitants de la partie occidentale qui avaient profité des biens étrangers, lorsque, au contraire, ils nous doivent les richesses qu'ils nous ont arrachées, ou qu'ils ont dissipées. Tel était le triste état de cette partie, lorsque, le 27 janvier de l'année passée, les Cayes, dans le sud de l'île, poussèrent le cri de réforme : avec la rapidité de l'éclair les peuples s'enflammèrent à ce signal ; ils adhéraient le principe du Manifeste du 1er septembre, et la partie de l'Est, tant était grande sa bonne foi, se flatta, mais en vain, d'un avenir plus heureux. Mais le commandant Rivière se proclama chef d'éxécution, interprète de la volonté du peuple souverain ; il rendit des lois à sa fantaisie ; établit un gouvernement sans aucune forme légale, sans y comprendre aucun des habitants de cette partie qui s'était prononcée en faveur de sa révolution ; il parcourut le département de Santiago, et sans aucun motif légitime, il rappela péniblement la malheureuse époque de Toussaint et de Dessalines, traînant après lui un monstrueux état-major qui portait la démoralisation partout où il passait ; vendit les emplois, dépouilla les églises, détruisit les élections que les habitants avaient faites dans le but de s'assurer des représentants qui pussent défendre leurs droits ; cela, pour continuer à laisser cette partie dans la misère, et se faire des candidats qui l'élevassent à la présidence, quoique sans mandat spécial de leurs commettants. C'est ce qui eut lieu : il menaça l'assemblée constituante, et, par suite d'étranges communications faites par lui à l'armée sous son commandement, il réussit à être président de la république.

" Sous le prétexte que dans cette partie on pensait à une séparation de territoire en faveur de la Colombie, il emplit les cachots du Port-au-Prince des plus ardents Dominicains, dans le cœur desquels régnait l'amour de la patrie, sans d'autres vues que le besoin d'améliorer leur sort, d'obtenir pour eux l'égalité des droits, le respect des personnes et des propriétés. D'autres pères de famille durent s'expatrier pour éviter des persécutions. Et lorsqu'il vit ses desseins réalisés, et qu'il se fut assuré l'objet qu'il avait en vue, il mit en liberté ces détenus sans aucune espèce de satisfaction pour les outrages et les préjudices qu'ils avaient soufferts.

" Notre condition n'a nullement changé : les mêmes outrages, les mêmes traitements de l'administration intérieure ; les mêmes charges ou de plus fortes ; le même système monétaire sans garantie aucune, qui fait la ruine des peuples, et une contitution mesquine qui ne fera jamais l'honneur du pays ; tout cela a mis le sceau à l'ignominie, en nous privant, au mépris du droit naturel, de l'unique chose qui nous restait d'espagnol : l'idiome natal, et a mis de côté notre auguste religion pour la faire disparaître de chez nous ; car si cette religion, lorsqu'elle était la religion de l'Etat, lorsqu'elle était protégée, elle et ses ministres furent méprisés et vilipendés, que sera-ce maintenant qu'elle est entourée de sectaires et d'ennemis ?

" La violation de nos droits, coutumes et privilèges, et tant de vexations nous ont révélé notre position, nous ont fait connaître notre asservissement, notre abaissement ; et les principes du droit qui régit les nations, décident la question en faveur de notre patrie, comme ils la décidèrent en faveur des Pays-Bas contre Philippe II, en 1581.

" En vertu de ces principes, qui osera blâmer la résolution du peuple des Cayes, lorsqu'il se souleva contre Boyer, et le déclara traître à la patrie?

" Et qui osera blâmer la nôtre, en déclarant la partie Est de l'île séparée de la république d'Haïti ?

" Nous n'avons aucune obligation vis-à-vis de ceux qui ne nous fournissent aucun moyen de l'accomplir, aucun devoir à l'egard de ceux qui nous privent de nos droits.

" Si la partie de l'Est était considérée comme incorporée volontaitement à la république haïtienne, elle devait jouir des mêmes bienfaits, des mêmes droits dont jouissent ceux avec qui elle s'était alliée ; et si, en vertu de cette union, nous étions obligés à soutenir notre intégrité, , elle, de son côté, devait nous fournir les moyens de le faire ; elle y a manqué en violant nos droits, et nous sommes affranchis de notre obligation. Si la partie de l'Est était considérée comme assujettie à la république, alors, et avec plus de raison, elle devait jouir sans restriction des droits et prérogatives dont on était convenu, et qu'on lui avait promis ; et à défaut de la condition unique et nécessaire de sa sujétion, elle demeure libre et entièrement dégagée ; et ses devoirs, quant à elle-même, sont de pourvoir à sa propre conservation par d'autres moyens. Si on la considère par rapport à la constitution d'Haïti de 1816, on verra qu'outre l'originalité du cas, de donner une constitution bâtarde à un pays étranger qui n'en avait pas besoin, et qui n'avait pas nommé ses députés naturels pour la discuter, il y a aussi une usurpation très scandaleuse, parce que à cette époque les Haïtiens n'étaient point en possession de cette partie, pas plus que lorsque les Français furent expulsés de la partie française, ceux-ci n'ayant pu la leur abandonner, puisqu'elle n'était point leur propriété. Par le traité de Bâle, cette partie fut cédée à la France, rendue ou retournée à l'Espagne par la paix de Paris, en vertu de laquelle est sanctionnée la prise de possession qu'en firent les Espagnols en 1809, et qui continua jusqu'au 30 novembre 1821, époque à laquelle cette partie se sépara de la métropole.

« Quand les fils de l'Occident revisèrent leur constitution en 1816, cette partie n'appartenait point à Haïti ni à la France. Le pavillon espagnol flottait sur ses forteresses en vertu d'un droit parfait ; et de ce que les naturels appelaient l'île de Saint-Domingue Haïti, il ne s'ensuit point que la partie occidentale qui, la première, se constitua en état souverain, eût le droit de considérer la partie de l'Est ou orientale, comme en étant partie intégrante, quand l'une appartenait aux Français et l'autre aux Espagnols. Ce qu'il y a de très certain, c'est que si la partie de l'Est appartient à une autre domination qu'à celle de ses propres fils, elle appartiendrait à la France ou à l'Espagne, et non à Haïti ; car, si l'on veut remonter aux premières années de la découverte de l'immortel Colomb, on verra que nous, habitants de l'est, nous avons plus le droit de commander à l'Occident que l'Occident de nous commander. — Dans cette supposition, il y a donc usurpation et usurpation que rien ne saurait justifier. — Si finalement on considère cette partie comme ayant été conquise par la force, la force décidera la question, s'il est nécessaire.

" Considérant en conséquence que les vexations et les violences exercées pendant vingt-deux années contre la partie ci-devant espagnole, l'ont réduite à la plus grande misère et pourraient compléter sa ruine ; que le devoir de sa propre conservation et de son bien-être à venir l'oblige à pourvoir à sa sûreté par les moyens convenables : ce qui est un droit pour elle ; qu'un peuple qui s'est volontairement constitué dépendant d'un autre peuple, dans le but d'obtenir sa protection, demeure libre de ses obligations au moment où celui-ci y manque, encore que ce soit par l'impuissance du protecteur. — Considérant qu'un peuple qui est condamné à obéir à la force et y obéit, fait bien ; mais qu'aussitôt qu'il peut y résister, et y résiste, il fait mieux. — Considérant enfin que, par la différence des mœurs cette rivalité qui existe entre les uns et les autres, il n'y aura jamais ni union ni harmonie parfaite entre les habitants des deux parties du territoire.

" Les habitants de la partie ci-devant espagnole de Saint-Domingue, convaincus que durant vingt-deux années d'agrégation à l'Etat de l'Ouest, ils n'en ont retiré aucun avantage ; mais qu'au contraire, ils se sont ruinés et appauvris, qu'ils ont été dégradés et traités de la manière la plus abjecte, ont résolu de se séparer pour toujours de la république haïtienne, dans le but de pourvoir à leur sûreté et conservation, en se constituant dans leurs anciennes limites en un Etat libre et souverain. Les lois fondamentales de cet Etat garantiront le régime démocratique ; assureront la liberté des citoyens, en abolissant l'esclavage pour toujours ; établiront l'égalité des droits civils et politiques, sans égard aux distinctions d'origine ni de naissance. Les propriétés seront inviolables et sacrées ; la religion catholique, apostolique et romaine, sera protégée dans toute sa splendeur, comme étant celle de l'Etat. Mais personne ne sera poursuivi ni puni pour ses opinions religieuses. La liberté de la presse sera protégée ; la responsabilité des fonctionnaires publics sera dûment établie ; la confiscation des biens pour crimes et délits demeurera interdite ; l'instruction publique sera encouragée et protégée aux frais de l'Etat ; les droits et impôts seront réduits au taux le plus bas possible ; il y aura un entier oubli des votes et des opinions politiques émis jusqu'à ce jour, en tant que les individus adhéreront de bonne foi au nouveau système. — Les grades et emplois militaires seront conservés conformément aux lois qui seront établies. — L'agriculture, le commerce, les sciences et les arts seront également encouragés et protégés. Il en sera de même pour l'état des personnes nées sur notre sol, ou pour celui des étrangers qui voudront y habiter en se conformant aux lois. Enfin, nous ferons en sorte, le plus tôt possible, d'émettre une monnaie avec une garantie réelle et véritable, sans que le public ait rien à perdre sur celle qu'il tient à l'empreinte d'Haïti.

“ Tel est le but que nous nous proposons dans notre séparation, et nous sommes résolus à donner au monde entier le spectacle d'un peuple qui se sacrifiera pour la défense de ses droits, et d'un pays qui est prêt à se réduire en cendres et en décombres, si ses oppresseurs, qui se vantant d'être libres et civilisés, persistent à vouloir lui imposer une condition qui lui semble plus dure que la mort

“ Au lieu de transmettre à nos enfants et à la postérité un esclavage honteux, surmontant tous les dangers avec fermeté et persévérance, nous jurons solennellement devant Dieu et devant les hommes, que nous emploierons nos armes à la défense de notre liberté et de nos droits, nous confiant en la miséricorde divine, qui nous protégera et portera nos adversaires à une réconciliation juste et raisonnable, pour éviter l'effusion du sang et les calamités d'une guerre affreuse, que nous ne provoquerons pas, mais qui sera une guerre d'extermination, si tel en est le cas !

" Dominicains (sont compris sous cette dénomination tous les fils de la partie de l'Est et ceux qui voudront suivre notre sort) ! l'intérêt national nous appelle à l'union. Par une résolution ferme, montrons-nous les dignes défenseurs de la liberté ; faisons le sacrifice, sur les autels de la patrie, de toute haine et de toute personnalité ; que le sentiment de l'intérêt public soit le mobile qui nous dirige dans la sainte cause de la liberté et de la séparation. Par elle, nous ne portons aucune atteinte à la prospérité de la république de l'Occident, et nous travaillons à la nôtre.

" Notre cause est sacrée ; nous ne manquerons pas de secours en outre de ceux que nous trouverons sur notre sol ; parce que, s'il était nécessaire, nous emploierions ceux que les étrangers pourraient nous procurer en pareil cas.

" Le territoire de la république dominicaine étant divisé en quatre provinces, savoir : Santo-Domingo, Santiago ou Cibao, Azua, depuis la limite jusqu'à Ocoa, et Seybo, le gouvernement se composera d'un certain nombre de membres de chacune de ces provinces, afin qu'elles participent ainsi et proportionnellement à sa souveraineté.

" Le gouvernement provincial se composera d'une assemblée de onze membres choisis dans le même ordre. Cette assemblée résumera en elle tous les pouvoirs, jusqu'à la confection de la constitution de l'Etat, et déterminera les moyens qu'elle jugera les plus convenables pour maintenir la liberté acquise ; et enfin, elle appellera au commandement en chef de l'armée l'un des patriotes les plus intègres, qui sera chargé de protéger nos limites, aidé des lieutenants qui seront jugés nécessaires.

" Dominicains ! à l'union ! le moment le plus opportun se présente ; de Neybo à Samana, de Azua à Montéchristi, les opinions sont unanimes, et il n'est point de Dominicain qui ne s'écrie avec enthousiasme : *Séparation, Dieu, patrie et liberté !* "

Santo-Domingo le 14 Janvier 1844.

(*Traduit de l'espagnol*)

PIECE K

Dieu Patrie Liberté.

République de Saint-Domingue

Les Haytiens de l'Est aux Haytiens du Nord

Chers frères et amis.

Nous nous fesons le plus grand honneur et c'est avec le plus grand contentement que nous allons vous faire part, c'est-à-dire, à maittre sous vos yeux les intentions, les idées et le système des haytiens de l'Est. Nos intentions envers vous comme avec tout autre haytien ne sont pas hostiles, nous ne désirons pas, nous ne voulons pas versée une seule goutte de sang, ça nous serait trop sensible ! c'est notre devise : ne versons pas le sang de nos frères, respecter les personnes et leurs propriétés.

Les Haytiens Espagnoles ne veulent être gouvernés par autre république ni nation qu'il que que se soit, que par elle-même, elle vient de fonder et établir son gouvernement adaptés aux mœurs, aux usages, et suivant la réligion de leurs pays ; et qui vous empêche mes frères et amis de faire autant ? depuis les eaux de Massacre jusqu'aux eaux de Monrui vous aviez su fonder un royaume de quatorze ans qui existerait encore sans vos divisions intestines et c'est qui a pu et ne pourra être encore, vous vous, nos chers frères vous vous lescé tromper par la république du Sud qui a volé les trésores, qui a égorgées tant de vos concitoyens, tant ! tant ! Mon Dieu .... qui pourra compter les atrocités que vous avez subi ? vous aviez succombé aux renards du sud, comme les moutons aux malins loups Ah ! votre malheur atira les nôtres et les deux plus belles parties de l'île d'Haïti, les plus riches, les plus riantes dont les habitants sont du même caracter, doux, aimables, engageants, compatissant, polis, bons époux, bon père et bons amis, dont les mœurs sont les mêmes et surtout très religieux comme nous ? Quand est-ce qu'un écrivain pourra faire un tableau pareils des haytiens du Sud ni qui que se soit son semblable ?

Seriez-vous encore si pusillanime ; (nous ne voulons pas dire si lâche) pour ramper encore sous l'aristocratie du Port-au-Prince. non non, nous ne pouvons pas le penser sans vous offenser, vous avez d'énergie et de courage, de bravour et d'esprit ; établissez votre gouvernement comme il vous plaira, ne perdez pas le moment si précieux et si favorable nous ferons cause comme (commune) contre le Port-au-Prince, nous ferons un pacte social d'amitiés et de commerce, nous ne désirons que la paix, mais (qu'à Dieu ne plaise), si on nous force à faire la guerre nous la ferons, suivant notre serment.

Les Haytiens Espagnols jurent devant Dieu et ses ministres de se reduire en cendre pour maintenir ses principes.

Nous avons l'honneur de vous saluer en la Patrie.

Reproduction conforme à l'original qui ne comporte ni date ni signature.

MANIFESTE

DES HABITANTS DU CAP PAR LEQUEL ILS DECLARENT SE DETACHER DU GOUVERNEMENT DU GENERAL CH. HERARD AINE.

Cap-Haïtien, le 25 avril 1844.

Au nom du Créateur de l'univers, de la liberté, de l'union et de l'indépendance.

Le peuple du département du Nord de la République, fatigué de se voir le jouet d'un gouvernement sans principes, se détache du gouvernement d'Hérard Rivière pour les motifs suivants :

1° L'ex-président Boyer, appelé en 1820 à sympathiser avec nous, nous enleva nos trésors, nos arsenaux, et, en retour, nous légua la division dans la société et la corruption de nos vertus politiques, après avoir, pendant sa présidence, exilé l'élite du Cap et l'avoir plongée dans l'humiliation

2° La révolution du 27 janvier 1843 nous laissa entrevoir un avenir semé de fleurs ; le peuple entier et les vétérans de notre armée, reçurent Hérard Rivière à bras ouverts. Encore une fois, nous avons été trompés ; plus despote que son prédécesseur, plus tyran, plus avide de sang et de richesses, sous le manteau du serviteur du peuple, humiliant partout nos vétérans et nos frères, dissipant nos trésors, il trompa nos députés à la Constituante, et pour répondre à la confiance du peuple, qui l'a appelé à la présidence, ce despote a osé mettre nos mandataires en accusation. Indigné de sa conduite et de son ordre d'arrestation de notre vieux vétéran et brave général Pierrot pour n'avoir pas obtempéré à son ordre inhumain *d'exécuter ses frères*, indignés de ce qu'il a mis la nation entière en guerre civile, nous le déclarons traître à la patrie et voué à l'exécration du peuple.

1° En conséquence, le général de division Pierrot est nommé général en chef de l'armée du Nord. jusqu'à ce qu'il ait eu conférence avec le général Guerrier, son aîné, avec lequel il s'entendra ;

2° Un Conseil d'Etat sera formé et les membres nommés par les signataires du présent Manifeste. Afin de donner célérité aux affaires publiques, seront de ses attributions : les finances, la guerre, l'intérieur et la justice et toutes les mesures nécessaires pour le moment :

3° Afin d'offrir la garantie nécessaire pour le maintien de l'ordre, la justice continuera son cours sous l'influence des cinq codes actuellement en vigueur, jusqu'à nouvel ordre, et le personnel des tribunaux maintenu ;

4° Les commandants de place et d'arrondissement qui auront concouru au présent Manifeste, ou qui obtempéreront en y apposant leurs signatures, seront maintenus dans leurs fonctions ;

5° Les emplois civils et militaires de tous genres continueront sur le contrôle du Conseil d'Etat ;

6° Les officiers de l'armée et tous fonctionnaires civils et administratifs qui auront signé de bon gré dans le présent, seront maintenus, et les officiers ou autres qui jugeront ne devoir y apposer leurs signatures seront tenus de faire leur déclaration vingt-quatre heures après la publication, au bureau de la place de chaque commune, et il sera accordé un délai d'un mois pour se retirer, ne voulant aucunement être arbitraire contre la volonté ou l'opinion de qui que ce soit qui est de droit naturel, mais point de traître parmi nous ;

7° Le brave général Obas continuera son commandement de l'arrondissement du Cap ;

8° Le commerce et les étrangers seront protégés, et toute la garantie donnée aux propriétés et aux habitants ;

9° Nos limites assurées, les officiers généraux de l'armée joints aux autorités civiles et au Conseil d'Etat, enverront des députés pour s'entendre avec l'Ouest, le Sud et l'Est pour ce qui est de l'indemnité due à la France et pour établir le gouvernement de la République en Etat fédératif, ou faire simplement un traité d'alliance offensif, défensif et de commerce, si tel était le vœu des autres départements de l'île, déclarant en outre vouloir nous gouverner nous-mêmes, sans anticiper sur les droits d'autrui, ne voulant pas entretenir chez nous la guerre civile, ni verser le sang de nos frères, à moins que ce soit dans la cruelle nécessité d'opposer la force contre la force, dans lequel cas, nous jurons tous de nous ensevelir sous les drapeaux du présent Manifeste, qui seront composés des couleurs bleu et rouge et une étoile blanche dans le bleu, représentant l'Etat du Nord quant à présent.

Nos concitoyens de l'Est, détenus ici pour cause politique, seront immédiatement rendus à la liberté.

Fait et clos au Cap-Haïtien, le 25 avril 1844, an 41e de l'Indépendance.

Signé : C. Arieu, P[re]-Elie Pradère, J. A. Delonchamp, G. Longueval, S.-T. Linding, Morin, Ls. Applyrs, Firmin Blot, T. Déjoie, J. Romain-Mary, Tassy, F. Gentil, J.-B. Tassy, Ls.-B. Eusèbe.

Suivent 300 signatures et plus, qui paraîtront dans le Manifeste lorsque l'acte sera imprimé.

Pour copie conforme :

Le Président de la Commission,

Signé : Ls.-B. EUSÈBE.

FIN

TABLE

ERRATA

Pages	Lignes	Au lieu de :	Lire :
18	3e	étaient	s'étaient
28	37	Aussi	Assez
35	6	de	des
37	19	Sa lettre du 14 Août	Sa lettre du 14 Octobre
57	24	ovix	voix
68	21	un long exode	une longue
73	26	13e demi-brigade	13e et 17e
77	38	dans	devant
95	28	les	des
100	35	du	le
108	13	qu'on dut infliger	qu'il dut
109	24	expérience	inexpérience
110	3	bien lié	bien lié ,
127	37	l'habitation Luké	Luker
129	2	capitaine de gendarmerie	capitaine de Garde n[le].
142	25	au-dessous	au-dessus
147	40e	dont	où

Nota. — A la page 108, à propos de l'affaire Dalzon , nous avons dit : "pris sur le fait, on le passa par les armes avec la plupart de ses complices." C'est inexact : Dalzon fut tué sur le fait , et sés complices, jugés et exécutés.

DU MEME AUTEUR :

Haïti et le Régime parlementaire. Albert Fontemoing, éditeur, Rue Le Goff, 4, Paris 1898.

Un journaliste sous Boyer, Étude historique, publié dans la " Ronde ", N° Extraordinaire, Octobre 1899.

Boisrond-Tonnerre et son temps, Etude historique, Auguste A. Héraux, éditeur, Port-au-Prince, 1904.

PRIX : 3 GOURDES

www.ingramcontent.com/pod-product-compliance
Ingram Content Group UK Ltd.
Pitfield, Milton Keynes, MK11 3LW, UK
UKHW051021210726
13857UKWH00007B/637